U0134409

Mastering Philosophy

論盡哲學

由童心展開的無垠哲思之旅

序

我的哲學追尋之旅

科學是我畢生的摯愛，哲學則是第二，兩者密不可分。

之所以密不可分，是因為兩者都源自筆者對真理的熱切追求：因為追求真理而愛上科學、因為進一步追問「真理是甚麼？」而愛上哲學。

科學上的啟蒙，是小學六年級，在香港大會堂兒童圖書館借閱的《中華通俗文庫》叢書。至於哲學上的啟蒙，則是中學一年級閱畢的書籍《人類的前途》。這書的原著是美國科學作家喬治‧哈里遜（George Harrison）於一九五六年所寫的《What Man May Be – the Human Side of Science》。筆者看的，是台灣今日世界出版社於一九六四年出版的中譯本，譯者是易家愿先生。（此譯本曾於一九八七年由金楓出版社再版。）

書中有很多令我印象深刻的句子，以下是其中一些：

「凡是熱愛人類的人都應該自行努力，以求相當熟悉科學的方法和科學的意義。事實上，今天誰若不對科學方面的事情相當熟悉，就沒有資格自稱為有文化的人。」

「世人每每對真理偶然一瞥，便產生一個主義，這是十分危險的。」

「英國詩人濟慈說，『美就是真，真就是美。』而科學是對真理的有系統探索。」

「科學所產生的技術進步，對於世界雖很重要，卻遠不如科學所能幫忙加快的心智進步和靈性進步那麼重要。」

「人藉著有限的理解力，沿著人生的道路艱苦地往上爬時，假如不從他所見的四周照過來的燈獲得亮光，又有甚麼別的辦法呢？假如他在攀登的初期，誤以為燈就是亮光，誰又能責怪他呢？」

書中引述釋迦牟尼的一段話，更為我帶來了很大的震撼。而更奇妙的是，這個震撼直至今天（近半個世紀後）仍未完全消失：

「不要僅因為別人告訴你一件事你就相信，也不要因它是傳統的就置信，也不要因你自己想像著它相信。只可相信你查明是有益於善，有利於諸事的。」

之所以震撼，是因為表面看來，它違反了科學客觀求真的精神。但即使在唸中一的我，也隱隱地感覺，所謂「違反」只是表面的，因為它說的，應是更高層次的一種智慧。

中學二年級，我大著膽子轉往大會堂的成人圖書館借閱。很快，我便碰上了我在哲學上的第二位啟蒙老師：羅素。這時，我看的已經不單是中譯本（志文出版社的「新潮文庫」、水牛出版社……），而是英文原本（主要的出版社是 Allen & Unwin）。他的哲學專著大大超越了我當時的水平，所以我看得最多的，是他的散文集（它們的水平之高，令羅素獲頒一九五〇年的「諾貝爾文學獎」）以及較通俗的作品（如《The Problems of Philosophy》、《Why I Am Not a Christian》、《Marriage and Morals》、《The Scientific Outlook》等）。可以這樣說，我的世界觀和人生觀（理性、寬容、悲天憫人）很大程度上是在羅素的影響下形成的。

普羅文化對我的影響也很大，我說的，是美國科幻電視劇集《Star Trek》的角色之一—— Mr. Spock，當時在香港播映時，麗的電視（後改名亞洲電視）為劇集配上了粵語，並改名為《星空奇遇》，而 Spock 則被譯作「冼樸」。

在劇集中，冼樸是地球人和「火神星人」的混血兒，他具有地球人的感情，也具有火神星人那種超級理性、凡事講求邏輯的心智。他的一句口頭禪是我的至愛：

「這不合符邏輯！」 (It's not logical!)

在我心目中，他是「善良」和「理性」的完美結合，是人類未來演化的典範。

在那個時候，不少人對科幻的認識，便只限於美國的《超人》(Superman) 漫畫和電影，以及那時也正在香港播放的《超人吉田》(Ultraman；《鹹蛋超人》是多年後才有的稱號) 日本電視劇集。但少年的我已經深深感到，《星空奇遇》跟這些「科幻」作品截然不同，而這種不同正是令我鍾愛不已之處。但有一段時間，我說不出這種「不同」是甚麼東西，直至中學三年級的某一天，一眾同學都十分仰慕的地理科老師張 Sir (Edward Cheung) 跟我們上課時，不知怎的講起《星空奇遇》這套劇集，並且說他也十分喜愛觀看。最後他補充說：「這是因為它與其他的『超人打怪獸』的劇集不同，故事往往包含著不少哲理。」嘩！我一下子就像被電擊一樣，心中大叫：「對了！這便是我喜愛這套劇集的原因了！」

就是這樣，我畢生最喜愛的小說和電影，都是包含著深刻哲理的作品。就科幻小說而言，C.S. Lewis 的《*Out of the Silent Planet*》、Fred Hoyle 的《*The Black Cloud*》、Olaf Stapledon 的《*Sirius*》和 Stanislaw Lem 的《*Solaris*》等都是我至愛的作品。

中學六年級 (舊學制裡兩年「中學預科」的第一年) 暑假，我寫了〈神這個概念的分析〉，這是我第一篇與哲學 (及神學) 有關的文章。這篇文章後來收錄在香港皇仁書院的一九七五年的年刊《黃龍報》之中。

雖然我在大學時唸的是物理學，卻從未停止閱讀哲學的著作。大學三年級，知道文學院有一個開放給其他院系學生修讀的課程

「科學哲學」，我急不及待即時報了，並因此有機會閱讀到波柏(Karl Popper)和庫恩(Thomas Kuhn)等的著作。本書收錄的〈烏鴉的困惑〉就是那時的一份功課（因此原文是英文），而〈三分鐘宇宙〉（寫於一九八七年）則是受到波柏的「可偽證原則」影響而創作的。

一九九四至九八年間，筆者與家人移居澳洲悉尼，並先後在悉尼大學的「科學哲學與史學學系」和新南威爾斯大學的「科學與科技研究學院」取得碩士和博士學位，而〈穿梭時空的外星人〉一文，便是為了一九九七年由兩所大學合辦的一個研究生學術會議而寫的。

踏進廿一世紀，筆者有一個強烈的願望，就是建立一套能夠將科學與人文融通的「科學人文主義」，但因為時間所限，我只能於二〇〇二年抽空寫了〈科學人文主義芻議〉一文。由於在香港找不到地方發表，文章最後於二〇〇四年初，透過友人安排在台灣的《當代》雜誌發表。

多年來，我被邀到大學和中學進行專題講座之時，都會提供多個講題給主辦者選擇（宇宙探秘、思考方法、領導才能、全球暖化、科幻欣賞……）。約十年前，我在這些題目中加上了「從宇宙觀到人生觀」。最初，我以為很少人會選擇這麼抽象和高調的題目，但令我喜出望外的是，這竟然成為了一個最受歡迎的題目！

二〇一七年，我將講座內容整理成《論盡宇宙》一書。表面看來這是一本科普著作，但其間也包含了我的一些哲思，例如：「『母愛是偉大的』和『母愛是進化的產物』之間並不存在矛盾……人類一天未能看透這個事實，便一天未能離開孩童時代而成為一個睿智的族類。」、「與大自然的森淼浩瀚相比起來，人類的喜怒哀樂是微不足道的。然而，它卻是我們擁有最珍貴的東西。」、「文明在進步還是退步？有如本書所提出的『天有眼？天無眼？』，各位必須自己尋找答案。」以及「希望大家以後能夠不斷『品味宇宙、品味人生』。」

　　二〇一九年，我發表了《人類的處境──價值與意義的追求》一書，更全面地闡述了我對宇宙和人生的看法。執筆時，剛得悉這書入圍二〇二〇年的「香港書獎」，至於能否得獎，筆者當會以平常心待之。

　　本書最新的文章是〈論自然〉之一、二，是於二〇一九年下旬、特意為這本結集撰寫的。

　　至此大家應該清楚，本書雖然稱為《論盡哲學》，卻不是一本哲學專著，而筆者也未有受過專業的哲學訓練。正如我熱愛天文卻不是一個天文學家，我熱愛哲學卻不是一個哲學家。鼓勵著我進行哲學探索的，是何秀煌先生在他的著作《0 與 1 之間》的一席話：

　　「我喜歡思考，我喜愛它甚於一切。……每天在不斷思考裡得到理解、快樂與平安；也在不斷思考裡試圖撥開迷霧，窺視人類的命運與前途。」

　　更令我鼓舞的是：

　　「我常常提醒自己不要在哲學的字堆裡迷誤。我看了許多讀哲學的人變得虛無，變得頭腦不清楚。他們常常用文字築起一個一個的思想迷陣，遊戲其間：由這一個通到另一個，迷惑自己和迷惑別人。……讀哲學而不能成為思想家，則離腐朽不遠矣！」

　　最後，我要感謝格子盒作室的阿丁，全靠她的鼓勵和支持，這十多篇新、舊的文章才有機會和大家見面。

　　這個序也夠長的了。現在就請大家啟航，與筆者共同體驗一場又一場的思辨之旅吧！

李逆熵（李偉才）
2020 年 3 月、瘟疫蔓延時

目錄

・序——我的哲學追尋之旅／ 2

第一部：從微小的生活困惑開始哲學發想

・兒童哲學家／ 11
・烏鴉的困惑 ／ 27
・我憶，故我在？／ 47

第二部：從虛無太初到未知將來的千頭萬緒

・三分鐘宇宙／ 59
・「神」這個概念的分析 ／ 85
・人工智能大辯論／ 99

第三部：從「論自然」到「談真理」的思辨探問

・論自然之一／ 113
・論自然之二／ 127
・談真理——借助穿梭時空的外星人之視角 ／ 141

第四部：結合科學、人文的科學哲學大哉問

・「你可以是科學家，也是哲學家！」／ 169
　　——科學人文主義芻議

從微小的生活困惑
開始哲學發想

兒童哲學家

所有哲學家都與「問題兒童」無異！

　　我曾經在不少場合提出，兒童往往是世界上最偉大的哲學家。這是因為他們對萬事萬物都充滿好奇，並且喜歡打破砂鍋問到底。我們每個人都曾經身為兒童啊！可是我們的哲學天資跑到哪裡去了？事實證明，作為「過來人」不一定使我們更為聰明。相反，我們愈是長大，頭腦便愈是僵化。更為可悲的是，我們還自以為十分聰明，因為我們「懂得」不去再問這些「傻問題」了！

月亮與彩虹

·「月亮為甚麼會跟著人跑?」

不少人兒時都會有過這個疑問:「月亮為甚麼會跟著人跑?」如果閣下已身為父母的話,也很可能被你的孩子問及同一個問題。作為「過來人」的你,會怎樣回答呢?

你可能會一笑置之,然後告訴你的孩子:「月亮怎會跟著人跑呢!不要再問這些傻問題了!」

唉!如果你真的這麼答,你可能已經扼殺了一個正在萌芽的科學家或哲學家。

曾經從事教育工作的朋友,必然聽過這樣的一句話:「世上沒有愚蠢的問題,有的只是愚蠢的答案。」("There are no silly questions, only silly answers.")此外還有一句同樣精警、卻難以翻譯得傳神的說話:"Don't assume anything without thinking it through. If you ASSUME, you will make an ASS out of U and ME!"(「切勿不加思索便妄作假設,否則你會令我們都變成大笨蛋!」)

孩子問月亮為甚麼會跟著人跑,我們立即便假設這是一個「傻問

題」。殊不知這個問題問得實在甚有道理。月亮跟著人跑固然是一種錯覺。但錯覺之所以會發生，是因為月亮比起路旁的樹木甚至遠山都遙遠很多很多，所以我們無論如何移動，都察覺不到它的「視差」（parallax）。也就是說，相對於我們，它永遠都處於同一個方位，因此在感覺上便出現了「跟著我們跑」的現象。

稍為認識測量與天文學的人都知道「視差」的重要性。在地上，它可以幫助我們測量大地；在天上，它甚至可以使我們探知恆星的浩瀚距離。事實上，人類最先量度的星際距離（半人馬座主星南門二跟我們的距離），便是靠「視差法」獲得的。

・「為甚麼我們總找不著彩虹的盡頭？」

與「月亮跟著人跑」的問題相類似的另一個問題是：「為甚麼我們總找不著彩虹的盡頭？」也就是說，為甚麼任我們朝著天空上的彩虹跑多久，彩虹仍是離我們那麼遠？如果你沒有唸過物理，恕筆者賣個關子，請你找一些唸過物理學的朋友來解解看，看他能否解得令你滿意。

回想起來，筆者也曾是不俗的兒童哲學家。我提出過的一些問題，堪稱「傻問題」甚至「白痴問題」的典範。不信？請看看：

為甚麼我們總
找不著彩虹的盡頭？

· 「我為甚麼是我？我為甚麼不可以是另一個人？」

· 「我為甚麼是人而不是動物？」

· 「我為甚麼是男孩而不是女孩？」

· 「我為甚麼是中國人而不是美國人？」

對於兒時的我，這些都是最自然不過的問題。到我長大了，才曉得在哲學中，這些「存在性問題」（existential questions）都是享有名堂的。

如果認為這些問題太富於「哲學智慧」而不夠「白痴」，請看看以下這兩個問題：

· 「為甚麼一輛行駛中的車子可以超越另外一輛行駛中的車子？」（俗稱就是「車輛為甚麼可以扒頭？」）

· 「為甚麼玩具車不會撞壞玩具公仔，但真車卻會撞死真人？」

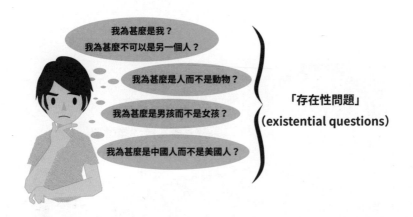

真車殺人事件！

．「為甚麼本來尾隨的車輛扒頭了？」

作為萬物之靈，我們都以擁有理性分析能力而自豪。但這種能力並非從天上掉下來，而是人類從歷史的實踐中逐步鍛煉得來的。

例如在我們的眼中，事物的「數量」是一個最基本的概念。即使在唸幼稚園的小孩，也懂得由一數到十或以上。但人類學家在研究一些與世隔絕的原始部落時，便曾經發現一些部族的成員只懂得數一、二、三。凡是多於三的他們都統稱為「很多」。數量觀念如此不發達的思維，在我們看來簡直是匪夷所思的。

同樣匪夷所思的，是我幼年時（大概唸幼稚園的時候吧）提出的一個問題。那便是：「我坐著的車子正在行駛，而車外的另一輛車子也正在向同一方向行駛；為甚麼不久之後，另外的那輛車子竟可以跑在我這輛車子的前頭呢？」

在這個「白痴」得可以的「車輛扒頭之謎」背後，實包含著一個小孩對「運動」的認識過程。簡單地說，當時的我只懂得區別「運動」與「靜止」兩種狀態，卻不懂得同樣在運動的物體，可以具有不同的相對速度，因此也可以出現「扒頭」的現象。

不要小看這個「相對速度」的觀念。原來在物理學中，這牽涉到運動的「參考座標系」（frames of references）這個問題。自伽利略到牛頓到馬赫到愛因斯坦，科學家對這一問題作出了層層深入的研究。這個白痴問題所引申出來的答案可絕不簡單呢！

‧「為甚麼真車會撞死人?」

兒時所提出的另一個白痴問題,是玩具車既然碰不破玩具公仔,為甚麼真的車卻會撞死真的人呢?

你可能會指出,玩具車的速度比真車低很多,所以破壞力也低得多。但這是一個不能令人滿意的答案。因為按照玩具車的大小比例,它可以達到的車速絕不在真車之下。

其實我也要很晚(中學畢業以後!)才找出問題的真正答案。廣義地說,答案的名稱是「量變與質變的關係」。更確切地說,這是「平方——立方定律」(square-cube law)發揮作用的結果。

曾經熱衷於馬克思主義的朋友,自會對恩格斯在《自然辯證法》(*Dialectics of Nature*)中有關「量變與質變」的闡述不感陌生。但事實上,有關的概念並不新鮮。較恩格斯早達三百年的伽里略,便已從力學的角度探討過這一問題,並提出了一條名為「相類原理」(principle of similitude)的規律。

不過,首先把「平方——立方定律」應用於生物體形的研究,乃二十世紀的生物學家哈爾登(J. B. S. Haldane)。他於五十年代所寫的一篇文章《大小適中》(*On Being the Right Size*),堪稱這方面的經典之作。

困擾伽里略的問題是：「我們可以用一條木板作橋樑以橫渡一條小溪，卻為甚麼不可以用一條形狀一樣，只是體積大上很多倍的『超級木板』以橫過一條大河呢？」當然，在現實世界中，我們無法找到這樣一塊「超級木板」，但伽里略的論證是，即使能夠找到這樣的一塊木板，也不能起到橋樑的作用。

哈爾登提出的問題則是：「為甚麼蚊子和螞蟻的肢幹這麼纖幼，大象和犀牛等的卻這麼粗大？」換一個角度看：「為甚麼自然界中沒有大象般巨型的蚊子，或蚊子般細小的大象呢？」

伽氏的「橋樑之謎」、哈氏的「蚊、象之謎」和李氏（咳！）的「真車殺人事件」其實都有同一個答案。物體的大小變化（量化）必然導致物體結構和其他屬性上的變化（質變）。更確切地說，物體的長度增加一倍（即乘二），其面積（包括表面面積和橫切面面積）便會增加四倍（乘二的平方），而體積（以及重量）則會增加八倍（二的立方）。把蚊子放大百倍，它的腿會粗了一萬倍，但重量則會大了一百萬倍，你叫牠怎能站得起來呢？

簡單的結論是，物體愈大則相對地愈脆弱。小貓和玩具車自十倍身高墜向地面可以絲毫無損，但大象和真車同樣墜向地面則會車毀象亡。這便是「真車殺人事件」的真相！

▼把蚊子放大百倍，它的腿會粗了一萬倍，但重量則會大了一百萬倍，物體愈大則相對地愈脆弱。

太重了！

站不起！

時鐘的困惑

•「時間的流逝是連續還是不連續？」

在現代社會中，學會怎樣看時鐘是我們每個人兒時的必經階段。時鐘滴答滴答地走，既主宰著我們的起居飲食，亦標誌著時間不斷從「未來」變成「現在」再變成「過去」的永恆流逝。望著鐘面的變化，差不多已教人自然地變成哲學家。

兒時的我，亦往往看鐘面看得入迷。但除了隱約感到上述的哲學嘆喟之外，我其實更被另一個現象所吸引。因為我發覺那時的時鐘主要分兩大類。第一類的分針並不經常移動，而只是每到一分鐘才跳動一格。至於第二類的分針，驟看好像靜止不動，但長時間觀看下，則可察覺其極緩慢的移動。不用說，這分針也是在一分鐘之內移動一格，只是這一移動乃由差不多無法察覺的緩慢移動所造成。

在一些時鐘那兒，同一的現象以更細微的尺度發生在秒針的身上。雖然大部分時鐘的秒針都是滴答滴答地每秒跳動一格，但在一些鐘面之上，秒針卻是連續不斷地移動的。

時間的流逝是連續還是不連續？

即使年幼如當時的我，當然也明白到時鐘指針的運動是「連續」還是「不連續」，乃是人為設計的結果。但這現象卻在我心中引來一串疑問：「時間的流逝，究竟是連續還是不連續的呢？」以分針而言，每跳一下之間所停頓的時間是很明顯的。但是到了秒針，這一停頓時間已是大為縮短而差不多變成一瞬即逝。如此推論下去，一些看似連續地運動的秒針，是否實在也由無數極細微的不連續運動所組成？我們之所以覺得運動連續，可能只是因為每次停頓的時間是那麼短，以致我們無法察覺吧了？也就是說，看似連續的運動實可能由不連續的運動所組成。

可是從另一角度看，時針的運動卻帶來另一種啟示。試想想，我們每次看鐘面，都只是看見時針指著某一位置。我們有看見它在運動嗎？沒有。只是，當我們每隔一段時間再看看它時，它卻處於不同的位置。也就是說，看似不連續的停頓，背後卻蘊含著連續性的運動。

我們當然知道，時針其實沒有一刻停頓。只是它的移動速度太慢了，透過短時間的觀測並不容易看得出來。但這不是包含著很有趣的吻合嗎？太慢的運動（例如一支較時針慢一萬倍的指針）跟停頓難以分別，而太短暫的停頓（例如較秒針停頓的時間短一萬倍的指針運動）則與連續的運動難以區分，這真是一種「你中有我、我中有你」的古怪關係。（當年的我當然未聽過甚麼辯證法，否則我會稱之為「辯證關係」。）

飛鳥之影，未嘗動也！

・「一半的一半，永遠有一半？」

　　對於時鐘鐘面的指針運動，這只是困惑的開端而不是終結。當時的我這麼想：假設運動的本質確是不連續的，這將意味著甚麼？讓我們回看秒針的運動。雖然我們把秒針一格一格的跳動形容為不連續，但事實上秒針由一格跳到另一格，其間所進行的仍然是一種連續性的運動。如果我們把上述假設推至其邏輯的結論，我們便必須假定，這一截連續運動其實也由無數不連續的微形跳動所組成，而每一截微形跳動亦由無數更細的超微形跳動所組成，而每一超微形跳動亦由……

　　這一劃分可以無限地繼續下去嗎？如果可以，則運動跟連續沒有分別。如果不可以，則我們仍會面對一截截哪怕是如何超微形的連續運動。似乎我們無論怎麼答，都會推翻「運動是不連續」的假設！

　　在此我要略為解釋為甚麼我會有「運動的本質是不連續的」這個古怪念頭。這是因為即使在唸小學的我，已從大會堂兒童圖書館的科普書籍中認識到現代物理學中的原子理論。原子論告訴我們，看似連續的物質（如一塊金屬或一杯水），實乃由無數不連續的單元（原子、分子）所組成。不用說，我的「運動不連續論」其實是這種「物質不連續論」的一項引申。

　　但運動的不連續性似乎較物質的不連續性包含著更大的謎團。一些人可能以為，運動不可無限被分割，即等於時間和空間不可無限被分割。在很大程度上這是對的。讓我們假設時間乃由不可分割的基本單元 t 所組成，而空間（讓我們只考慮長度）則由不可分割的基本單元 x 所組成。那末最基本的運動單元，便是在時間 t 內跨越長度 x 的距離。

　　但問題是，物體在有限的時間 t 內跨越有限的距離 x 之時，其間所作的運動不也是連續的嗎？不錯，由於我們假設時間 t 和距離 x 不可進一步分割，因此這段連續運動也不可以再被分割。但這始終是連續運動而並非不連續運動啊！

　　那末甚麼才是真正的不連續運動呢？唯一的答案似乎只能是：物體每一刻都沒有動，卻又每一刻都處於不同的位置。換一個角度看，就是物體能將位置從 A 點轉移到 B 點，卻毋須經歷 A、B 點之間的任何位置！

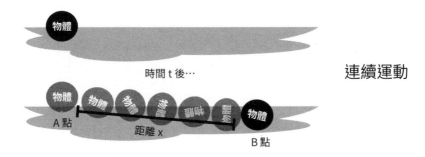

　　以方才建立的「時空原子論」來描述，就是物體在時間 t 的起點時位於距離 x 的起點，在時間 t 的終結時位於距離 x 的終點，而其間沒有處於 x 中間的任何位置。

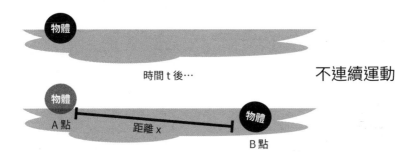

從嚴格的「時空原子論」的觀點看來，上述情況完全是「合情合理」的。因為如果我們假設 x 已是最小的長度單元，那末想像物體正處於 x 的四分之一、三分之一或二分之一的位置是完全不合理的。因為如果我們能夠想像到「x 的四分之一」這段距離，x 本身又怎會是最短的距離呢？

正在唸小學和初中的我，當然無法把我的推敲像上述般清楚地（？）表達出來。但這些都確曾是我模模糊糊地思索過的東西。要到很多年後，我才知道早在春秋戰國期間，我國便已有「一尺之陲，日取其半，取之不歇」（即今天取其一半，明天取其一半的一半，後天再取其一半的一半的一半，如是者，總有一半留下）的空間連續（無限可分）的推想，以及「飛鳥之影，未嘗動也」（即飛鳥於每一瞬間都只能佔據一個固定的位置，所以運動理論上是不可能的）的運動不連續的大膽推論。

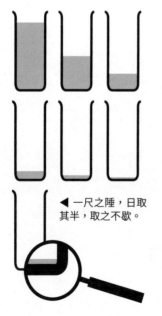

◀ 一尺之陲，日取其半，取之不歇。

到我唸高中時，才知道這些兒時困惑正是二千五百年前由古希臘哲學家芝諾提出的著名「芝諾悖論」（Zeno's Paradoxes）（這是芝諾約在公元前四六四至前四六一年提出的一系列關於運動的不可分性的哲學悖論）。及後，我更認識到量子力學所揭示的有關「電子躍遷」（electronic transition）（這是指原子中的電子從一個能級因吸收能量而遷移到更高能級、或因釋放能量而遷移到更低能級的過程）和「隧道效應」（tunnelling effect）（這是指像電子等微觀粒子能夠穿過本來是無法通過的能量壁壘）等驚人的「瞬時」現象。

唉！為甚麼我想到的東西，別人總是一早便已想出來呢？

夢中謎及其他

　　兒時的我（甚至現時的我！）對時間、空間、運動等題目其實還有不少疑問，例如：「時間有起點和終結嗎？起點前和終結後是甚麼？」又或是：「是時間的存在令運動可能？還是運動的存在令時間存在？」等等。不過，由於篇幅關係，讓我們轉向兩個來自日常生活，並且和我們的臭皮囊有「切身」關係的「疑團」。它們分別是「睡夢踏空之謎」和「嗜腥好辣之謎」。

・睡夢踏空之謎

　　你試過睡夢中腳部突然猛烈地抽動嗎？年少時的我，這種經驗是頗為常有的。這種身體不受意志指揮而「自我運動」的現象本身固然夠引人入勝，但更為令我困惑的是，我每次因抽動已驚醒時，都有踏進了溝渠而失卻平衡的感覺。有時這種感覺很明顯是夢境的一部分。也就是說，我們發夢被人追逐，途中不慎踏進溝渠（也可能是掉下懸崖！），於是腳步猛然抽動並驚醒。從這個角度看，夢境的發展是「因」而腳部抽動是「果」。

「因」
夢境發展

「果」
腳部抽動

但這不可能是全部的真相。因為有不少時候（其實是更多的時候），我無論怎樣回憶也記不起之前有任何夢境，唯一有的，只是驚醒時那種踏進溝渠的感覺。我對此的推論是，腳部抽動其實只是神經網絡一些偶發的錯亂訊號所引起，而踏進溝渠的感覺是我們的大腦對這一訊號的「合理化」詮釋。（抽動永遠是發生在一隻而非同時在一對腳上，可說是對這一推論的有力佐證。）

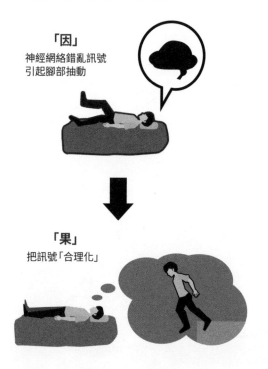

「因」
神經網絡錯亂訊號
引起腳部抽動

「果」
把訊號「合理化」

如果推論正確，則引來了更大的謎團。因為大腦詮釋在時間上必然在錯亂訊號之後，但感覺上踏進溝渠卻發生在腳部抽動之前！不錯，這兒談的「前、後」都只是電光石火間（百分之幾秒？）的事情。但無論時間多麼短，因果的次序總是不能逆轉的呀！

一個匪夷所思的臆測是，大腦是否有能力將時間——至少在意識上——逆轉呢？

・嗜腥好辣之謎

兒時的我最怕魚腥，也不怎麼吃得辣。經過了數十年的「鍛煉」，我如今已能吃不太腥的魚和不太辣的菜。但長久以來困惑著我的問題是：「為甚麼有人竟完全不怕腥？也有人似乎完全不怕辣甚至所謂『無辣不歡』的呢？」為了方便起見，以下讓我們只集中對辣的「分析」。

即使是兒時的我，亦已想到了兩個截然不同的可能性：

（甲）不怕辣的人具有與眾（最少是與我）不同的味覺器官，因此即使很辣的東西他們也不覺辣。

怕辣者

味覺器官對辣度的反應 ★★★★

嗜辣者

味覺器官對辣度的反應 ★

（乙）辣度的主觀感覺人人一樣，只是嗜辣者的忍耐力特強，甚至喜歡上常人忍受不了的這種感覺。

味覺器官對辣度的反應 ★★★★
忍耐力 ★

味覺器官對辣度的反應 ★★★★
忍耐力 ★★★★

相信大部分人都會同意，真正的答案很可能是（甲）與（乙）的混合體。但這一答案未能掩蓋一個極其深刻並且和道德責任關係密切的問題：別人的「主觀感覺」既是宇宙間最不可知的謎，卻又和道德責任有密不可分的關係。試想想，一個殺人狂的嗜殺衝動究竟有多少是在常人的忍耐範圍之內，又有多少是在常人的忍耐範圍之外呢？這個問題不單困擾著數十年前的一個「兒童哲學家」，即使對今天這個超越「不惑之年」的「不是哲學家」，仍然是一個深刻的困惑呢！

烏鴉的困惑

　　「既非黑色也非烏鴉的事物的存在，證實了所有烏鴉都是黑色。」這個看似荒謬的結論，便是著名的「烏鴉悖論」（the Raven Paradox）。「烏鴉悖論」是「實證理論」（theory of confirmation）上一項令人困惑不已的難題。在一篇題為《實證邏輯的研究》的文章裡，哲學家亨培爾（Carl Hempel）提出了他對難題的解決方案。那就是：看似有悖常理的證實個例，實應被接納為有效的。在本文裡，筆者將試圖分析悖論的成因，以及判定是否應該接受亨氏的解決方案。

問題的本質

‧尼科準則（Nicod's Criterion）

先讓我們考察以下的一項假設 H ——

H：所有 A 都是 B

顯然，這等於說，任何事物只要是 A，它也一定是 B。按照形式邏輯的符號顯示，我們可將 H 寫成為 (X) $[A(X) \cup B(X)]$，或更簡潔地寫作「$A \rightarrow B$」（讀作「A 涵蘊 B」或「若 A 則 B」）。

尼科的「證實準則」（Nicod's criterion of confirmation）認為，任何對 A 進行的觀察，如果得出 B 的結果，這項觀察便成為「證實」（confirm）假設 H 的一項個例。

以符號來表示，若 a_i 代表對不同的 A 所進行的觀察，而我們有如下的觀察結果：

$$a_1 \rightarrow B$$

$$a_2 \rightarrow B$$

$$a_3 \rightarrow B$$

……

則上述每一項觀察結果，都是實證假設 H 的個例。不用說，實證的個例愈多，我們對 H 的信心自然也愈強。

顯而易見，上述這項證實（實證）準則，其實只是一般的常識。假如 A 代表烏鴉而 B 代表黑色，則每次找到一隻烏鴉而又發現它是黑色時，自然構成了「所有烏鴉都是黑色」這一假設的實證個例。

A:　　　B:

◀每次找到一隻烏鴉而又發現它是黑色，因此「所有烏鴉都是黑色」的假設獲得愈來愈強的「實證」。

・等效原理

接著下來，讓我們看看實證理論的另一項原理：「等效原理」。

按照這一原理，任何證實（或證偽）命題 S 的事物，同樣證實（或證偽）與 S 等效的其他命題。

這兒所說的「等效」，意即兩條命題在邏輯上完全等價，因而「擁有同樣的具體內容」或「具有相同的意義」。

與尼科準則一樣，這個原理似乎也是不辯自明的。因為如果沒有了這項原理，某些觀察是否證實了某一假設，便須視乎這一假設在語句上的表述形式而定——雖然這些表述在內容上完全一致。這種情況當然是荒謬的。

現在考察以下兩項假設 S1 和 S2：

S1：所有烏鴉都是黑色的

S2：所有不是黑色的事物都不是烏鴉

稍為認識邏輯的人都會看出，S1 和 S2 實際上是等效的。因為在邏輯上，對任何陳述 p 和 q 來說，如果「～」代表陳述的否定、「←→」代表等效，則我們有：

$$p \rightarrow q \longleftrightarrow \sim q \rightarrow \sim p$$

如果我們以 p 代表烏鴉，以 q 代表黑色，則上式便成為：

$$S1 \longleftrightarrow S2$$

到此為止，我們都只是在列舉出一些十分平凡的道理。但我們很快便會看到，只要將以上的論述聯繫起來，我們便會得出一個難以解答的悖論。

S1: 所有烏鴉都是黑色的   S2：所有不是黑色的事物都不是烏鴉

· 悖論的出現

在筆者如今身處的房中，有筆者手上握著的一支藍色的筆，還有書桌上一本紅色的書和一隻白色的杯子。顯然，我已觀測到三件不是黑色也不是烏鴉的事物。按照尼科準則，我這三項觀察都是證實 S2 的個例。

我是黑色的！
不是黑色的就不是我！

但我們已看過，S1 和 S2 實際上是等效的，因此根據等效原理，我們便必須承認，方才那三項觀察同時亦證實了 S1。

結論是甚麼呢？結論是：任何既非黑色亦非烏鴉的事物，都應該被接納為證實「所有烏鴉都是黑色」這一命題的個例。但我們一旦承認了這個結論，則我們便可足不出戶，甚至可以從來也未見過一隻真的烏鴉，卻可隨手找到成千上萬的「證據」，以證實所有烏鴉都是黑色的！不用說，這是任何人也會覺得荒謬的情況。這個有悖情理的推論結果，我們稱之為「烏鴉悖論」（the Raven Paradox）。

・亨培爾 (Carl Hempel) 的分析

「烏鴉悖論」的形成,實由於我們接受了:

(i) 有關實證概念的「尼科準則」;

(ii) 實證理論中的「等效原理」;

(iii) S1 和 S2 乃「等效命題」。

經過了詳細的分析,亨培爾無法在上述三方面中找出任何漏洞。到最後,他惟有宣稱:「根本沒有甚麼悖論存在,而我們之所以覺得結論有悖情理,純粹是心理上的錯覺。」

亨氏的論證主要分為兩部分。第一部分指出,好像「所有 p 都是 q」這類假設,所涵蓋的對象不單是所有 p,還包括 p 以外的一切事物。

至於第二部分,則指出了我們之所以覺得悖論有違情理,只是因為我們一早便知道了所觀測的物體不符合命題 S2 的後件。也就是說,我們一早便知道一支筆並非一隻烏鴉。

亨培爾最後的結論是,既非黑色也非烏鴉的事物的存在,的而且確證實了「所有烏鴉都是黑色」這個假設。

◀「所有烏鴉都是黑色」這個假設,所涵蓋的對象不單是所有烏鴉,還包括烏鴉以外的一切事物。

・從數學中的「證明」到科學中的「證實」

筆者不打算在此細述亨氏的推論過程，而只是想指出亨氏方案的一些後果。為此，讓我們較為深入地考察「證實」和「證明」在科學探求中的地位。

一項常常被人忽略的事實是，在科學探求中，我們永遠也不可能獲得像數學中的「證明」（proof）。

在幾何學中，我們可以證明三角形內角之和等於兩個直角。這個證明是普遍為真的。也就是說，在證明的過程中，毋須訴諸某一特定的三角形；而證明的結果，卻可適用於任何我們所能想像的三角形（當然這是指在曲率為零的歐氏空間而言）。

由於數學中的證明具有這種邏輯上的必然性和普遍性，「驗證」在數學中是沒有地位的。一個最基本的數學概念是：「即使有一千個例子也不能夠證明一條數學原理，但只需一個反例便可將數學原理推翻。」就以上述有關三角形內角的原理為例，我們可以找出（或畫出）一千萬個三角形，並逐一量度它們內角之和。但這樣做對於建立原理的真確性一點好處也沒有。問題是，我們怎能保證在量度第一千萬零一個三角形時，三個內角之和不會大於或小於兩個直角呢？

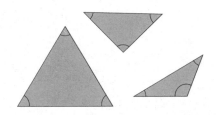

◀ 三角形內角加起來永遠是 180 度。

簡言之，在數學中，我們追求的是「證明」而不是「證實」。

稍為了解科學的人都知道，與數學相反，「證明」在科學中是不存在的。

33

　　不錯，在科學理論的推導中，我們也會遇到類似數學中的極其嚴謹演繹推理。但問題是，推論的結果最終也得拿到現實世界中印證。因為即使推論過程完全正確，只要大前提出了錯，結論便未必會與事實相符。

　　事實是，科學中最基本的論述──亦即科學推理中的大前提，更多時被稱為「自然規律」──本身並無邏輯上的必然性，因此永遠只能獲得「證實」（confirmation）而沒可能得到「證明」（proof）。

　　中學生可輕易地證明幾何序列的和是〔$a(r^n-1)$〕$/(r-1)$，或一項二階方程式的根是（$-b \pm \sqrt{b^2-4ac}$）$/2a$。但我們能否設計出一套實驗，以證明（而不僅是證實）兩個電荷之間的作用力是 $k(q_1q_2/r^2)$，或是外力與加速度之間的關係是 $F=ma$？

　　回顧科學的歷史，即如哥白尼的「日心說」、牛頓的「運動定律」、惠更斯關於「光的波動學說」、拉瓦錫的「燃燒理論」、哈維爾的「血液循環論」、達爾文的「自然選擇理論」等，有哪一項是我們單憑邏輯即可證明其必然為真，或它們的敵對理論（如「地心說」和「拉馬克主義」）必然為假？

　　事實上，對於任何一項科學理論，無論我們搜集多少證據，進行多少實驗，其結果也只能算是「實證」、而非數學中的「證明」。

・亨氏方案的後果

從以上的論述，我們可以看出「實證」在科學中的地位極為重要。一些人甚至會說——脫離了實證，科學便將一無所有。

的確，當生物學家面對「遺傳定律」或「核酸的雙螺旋結構理論」時，他要求的是實證；當天文學家面對「宇宙膨脹論」或「黑洞理論」時，他要求的是實證；當地質學家面對「板塊構造學說」或冰河紀的「天文假說」時，他要求的也只能是實證。

有了這個認識，我們才能充分了解，亨培爾所倡議的解決方案，將帶來多麼嚴重的後果。

愛因斯坦的「廣義相對論」最初之被科學界接受，只是基於三項成功的實證結果。但就我如今所處的書房中，只因我可以找到一百件既非黑色也非烏鴉的物件，我便可以宣稱擁有超過一百項實證個例，以證實「所有烏鴉都是黑色」！若我們承認了這種推論的合法性，科學的探求將因此而破產。

更為嚴重的一項反對是，按照亨氏的方案，我們可以用同一組事物，以「證實」彼此矛盾的假設。例如同樣是一支藍色的筆，既可用以證實「所有烏鴉都是黑色」，也大可用以證實「所有烏鴉都是白色」，或甚至「所有烏鴉都是紅色」、「所有烏鴉都是綠色」等互不相容的假設。

事實上，我們還可更進一步，用同樣的「例證」以證實任何荒謬的命題，如「所有獨角獸都是隱形的」或「所有樹妖都可以遁地」等等。

由此可見，亨氏的解決方案是不能接受的。

・矛盾和意義

在實證理論中，除了界定「證實」的含義外，還須界定它的反面——「偽證」，以及何謂「相干」與「不相干」等的含義。

亨培爾為「偽證」和「不相干」給出了這樣的定義：

(1) 若一項觀察報告 a 證實了假設 H 的否定式，那末它便證偽了假設 H。

(2) 若一項觀察報告 a 既沒有證實也沒有證偽假設 H，則 a 與 H 為不相干。

鑑於我們上述數節的分析，筆者認為在這兩項定義之上，還須替亨氏加上第三項定義，那就是有關「意義」的定義。理由如下：

我們已經看過，一支藍色的筆（觀察報告 a）可以同時證實：

(i)「所有烏鴉都是黑色」和

(ii)「所有烏鴉都是白色」

但 (ii) 的一項邏輯後果是：

(iii)「所有烏鴉都不是黑色」

而根據亨培爾自己所訂立的一項「周延原理」，任何證實命題 H 的觀察報告，亦應證實 H 的一切邏輯後果。那末既然 a 可證實命題 (ii)，自也應證實命題 (iii)。但命題 (iii) 是 (i) 的否定式，而根據上述定義 (1)，a 便應該成為證偽 H 的一項個例。

若此則我們有一種十分矛盾的情況，便是同一的觀察竟然同時證實了 H 而又證偽了 H。這項嚴重的矛盾，促使筆者為亨氏添加以下的一項定義：

(3) 若一項觀察報告 a 同時證實而又證偽了假設 H，則 a 對 H 來說是沒有意義的。

當然，上述這項定義之有所必要，是因為我們接受了亨氏的解決方案。在下一部分，我們將更為深入地剖析悖論的本質，並提出一種與亨氏方案相反的觀點。

悖論的消除

·相同和相異的不對稱性

亨培爾的解決方案把悖論看成是心理錯覺，並肯定了「既非黑色也非烏鴉」的事物，實應作為「所有烏鴉都是黑色」的例證。我們已經看過，為甚麼這一結論不能被接受。然而，對於悖論的存在，我們又能夠提供甚麼合理的解釋呢？

依筆者的愚見，問題主要出在推論時所採用的邏輯變換之上。也就是說，「$p \rightarrow q \longleftrightarrow \sim q \rightarrow \sim p$」這項邏輯變換帶來了誤導的結果。

這是一項頗為大膽的見解。因為「若 p 則 q」與「若非 q 則非 p」的等效，乃邏輯學上一項最根本的原理。但邏輯上的無懈可擊，是否就意味著變換前後的兩項命題具有完全相同的指導意義呢？

讓我們再細心考察以下兩項命題：

(a)「所有 p 都是 q」

(b)「所有非 q 都是非 p」

當 p 指的是某一類別的事物而 q 則代表事物的某一屬性時，我們將會發覺，找到具有「非 q」的屬性或屬於「非 p」的事物，其或然率一般遠遠大於找到具有 q 這一屬性或是屬於 p 的事物。

理由很簡單，若規定某一事物是 p，那末這一事物只有一個途徑去滿足這項規定，那就是作為 p 本身，而不是作為 i、j 或 k。若規定某一事物擁有 q，那末這一事物也只有一個途徑來滿足這項規定，那就是擁有 q，而不是擁有 l、m 或 n。

相反，若規定某一事物為「非 p」，則這一事物可以有千百種途徑來滿足這項規定，只要它不是 p 便可。若規定某一事物為「非 q」，這一事物也可以有千百種途徑來滿足這項規定，只要它不擁有 q 便可。

　　簡單地說，相同的事物只有一種方式相同，相異的事物卻可以有無數種方式相異。托爾斯泰在《戰爭與和平》中說過：「幸福的家庭大多相似，不幸的家庭卻往往各不相同。」正道出了這個平凡的道理。

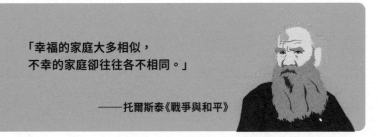

「幸福的家庭大多相似，
不幸的家庭卻往往各不相同。」

——托爾斯泰《戰爭與和平》

・從不對稱到不等效

就以 p= 烏鴉、q= 黑色為例，要找到一隻烏鴉當然比找到一樣不是烏鴉的事物困難；而要找到一樣黑色的事物自然也比找到一樣不是黑色的事物來得不容易。換言之，世間上既非黑色也並非烏鴉的事物，當然遠比黑色的烏鴉為多。若以枚舉的方式來比較，某一事物若是：

(A)　黑烏鴉，那末它只能是——

　　1. 一隻黑烏鴉

　　2. 一隻黑烏鴉

　　3. 一隻黑烏鴉

　　4. 一隻黑烏鴉

　　……

(B)　不是黑烏鴉，那末它可以是——

　　1. 一支藍色的筆

　　2. 一本紅色的書

　　3. 一柄銀色的叉

　　4. 一隻白色的天鵝

　　……

當然，行列 (A) 中不斷重複的「黑烏鴉」並非表示只有一項個例。其中每一隻烏鴉也可能與別的有所差異。例如第一隻烏鴉可以是肥的，第二隻可以是瘦的，第三隻可以是年老的，第四隻可以是年幼的……但問題是，這些肥、瘦、老、幼等特徵都同樣可適用於每一隻烏鴉身上。

同理，不同的特徵亦可在（B）列的每一項中出現。例如藍色的筆可以是長的或是短的，可以是鉛筆、原子筆或是墨水筆；紅色的書可以是厚的或是薄的，可以是中文書、英文書或是法文書；銀色的叉可以是新的或是舊的、貴重的或是廉價的、擁有三個尖刺或四個尖刺的⋯⋯但要留意的是，這些特徵大都只適用於某一事物身上，因此是因事而異的。正因如此，可以出現在（B）列各項事物身上的差異的總和，總比出現在一隻烏鴉身上的差異為多。

以上的分析說明了甚麼呢？它說明了這樣的事實——以基於差異的或然率來看，世間上擁有「是烏鴉」和「是黑色」這兩項特性的事物，遠較擁有「不是黑色」和「不是烏鴉」這兩項特性的事物為少。

如果我們定義「運作一」為檢查一件「不是黑色」的事物是否「不是烏鴉」（即檢證 S2 是否為真），而定義「運作二」為檢查一件「是烏鴉」的事物是否「是黑色」（檢證 S1 是否為真），那末基於上述的或然分析，通過「運作一」而獲得肯定答案的機會，自會遠遠高於通過「運作二」而獲得肯定答案的機會大大為高。由於檢證效果會有這麼大的差別，因此從運作上的定義來看，S1 和 S2 並不是真正等效的。

運作一：「不是黑色」的事物是否「不是烏鴉」

運作二：檢查一件「是烏鴉」的事物是否「是黑色」

▲ 通過「運作一」而獲得肯定答案的機會，遠高於通過「運作二」。由於檢證效果的大差別，從運作上的定義來看，S1 和 S2 並不是真正等效的。

・第二定律的啟示

形式邏輯認為 S1 和 S2 是完全等效的，但筆者從「或然性」的角度分析，指出 S1 和 S2 並非完全等效。更確切地說，它們兩者在人類認識世界的道路上，具有截然不同的指導意義。

筆者以或然分析以挑戰邏輯的結論，可說甘冒思辯哲學上的大不韙。但要知或然性是現實世界中最深刻的一項屬性，也是現代科學眾多領域中不可或缺的中心概念。量子力學的哥本哈根學派詮釋固然以這一概念為核心，但就理解目前的問題而言，我們只需考慮統計力學中的或然概念即可。

這一概念的經典表述是「熱力學第二定律」，亦即「熵值遞增原理」。以提出「兩個文化」而著名的英國學者史諾 (C. P. Snow) 說過：「一個現代知識分子若不懂得熱力學第二定律，就等於從未涉獵過莎士比亞的作品般缺乏教養。」

那末甚麼是「熵值遞增原理」呢？所謂「熵」 (entropy)，原來是物理學家定義的一個指標，用以表達某一系統遠離秩序的程度。而所謂「熵值遞增原理」，就是說某一封閉系統中的任何自發性變化，都必然朝著使熵增加的方向發展。簡單地說，就是變化的結果將會令秩序走向混亂。

這項原理與或然率有甚麼關係呢？關係在於，無論是「秩序」還是「混亂」，都是和或然性戚戚相關的現象。簡言之，所謂「秩序」就是「有所規定」，而「有所規定」便等於減低或然性或隨機性的作用。

例如筆者的書桌，無論先前拾理得如何整齊，但不出兩天便會恢復原狀：凌亂不堪。但我們又有沒有想過，這類情況之普遍存在，主要因為在我們認為屬於「整齊」的狀態裡，事物的分布必須符合某些嚴格的規定（例如所有書信都放在同一位置，而所有文具則放在另一位置等），因此在眾多可能的狀態中，只有極少數可被確認為「整齊」。

相反，在混亂的狀態裡，事物的分布毋須符合任何規定，因此在眾多可能的狀態中，絕大部分都可被歸類為「混亂」。

也就是說，事物分布處於「混亂狀態」的或然率，遠比處於「整齊狀態」的為高。可能有人會指出，上述這個例子似乎不大科學。但就本質來說，它和以下這個例子沒有分別——在我身處的書房中，無數的空氣分子正不歇地飛馳和互相碰撞；而所有這些運動，都是完全隨機的。亦即是說，沒有任何特定的傾向。但就牛頓的運動定律而言，我們無法排除這樣的一個可能性，即所有空氣分子都碰巧朝著同一方向運動，以至所有空氣都堆積到房間中的一半；而處於房間另一半的我，則在真空中窒息而死！

問題當然在「碰巧」這個要求之上。因為使空氣分子均勻地充斥於整個房間的「速度分布狀態」，以及使空氣分子都堆填到房間的一半的「速度分布狀態」，兩者在數目上的比例，較任何天文數字還要大得多。也就是說，這個「碰巧」的情況出現的或然率，簡直微少得可以完全忽略，以至我們大可不必杞人憂天，擔心隨時有窒息之虞。

▼空氣都堆積到房間中的一半，令另一半的人窒息

空氣分子

・邏輯、或然率與合理性

當然，第二定律在科學中的應用，遠比我們方才列舉的例子豐富得多。總括來說，事物狀態的或然性是人類理解自然界的關鍵概念。按照這一概念，秩序源自規定，而規定的限制性愈大，事物狀態符合這規定的或然率便愈低。「是黑色」這一規定比「不是黑色」的限制性為大，「是烏鴉」這一規定也比「不是烏鴉」的限制性為高，因此命題 S1「所有烏鴉都是黑色」的涵蓋性，遠比命題 S2「所有不是黑色的事物都不是烏鴉」的涵蓋性為低。這便是兩項命題在本質上的差別。

毋庸諱言，筆者不服膺於邏輯的結論而認為 S1 和 S2 並非等效，可被視作一種「運作主義」或「實用主義」的觀點。但歸根結底，邏輯只是一套思維的法則，它的任務是幫助我們更好地認識這個世界。它固然有極大的普遍性，卻不等於它永遠可以正確無誤地作為人類一切行為的指導原則。一個明顯的例子是：「我們不應該完全地相信某一事物。」但問題是，我們是否應該完全地相信這一忠告呢？

相反，我們之熱衷於進行思辯上的探求，是因為希望它們能在人類認識世界的道路上有所裨益。就這個意義來說，對一項命題判定執真執假之所以重要，主要因為這一判定在我們的生活和未來的探求行動上具有一定的指導作用。於此，邏輯上完美的結論不一定是最合理的結論。正如哲學家普特南 (Hilary Putnam) 在《理性、真理與歷史》一書中寫道：「判定一件事是不是事實的唯一標準，就是看接受它是否合理。」

結論：困惑的解開

根據筆者在「亨氏方案的後果」、「矛盾和意義」兩節的分析，以及方才有關 S1 和 S2 在實際應用上並非等效這項論點，我們得出了如下的結論：

- 亨培爾的解決方案必須被拒斥，因為它導致矛盾，亦會導致科學探求的破產。

- 悖論的困惑可被消除，因為「所有烏鴉都是黑色」和「所有不是黑色的事物都不是烏鴉」這兩項命題並非完全等效，所以檢查一件「不是黑色」的事物是否「不是烏鴉」，永遠只能為後一命題提供實證個例，而不能實證「所有烏鴉都是黑色」。

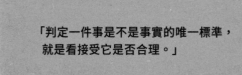

「判定一件事是不是事實的唯一標準，
就是看接受它是否合理。」

——哲學家普特南《理性、真理與歷史》

我憶，故我在

哲學家總在迷思「我為甚麼是我」？

　　本文乃於一九九○年二月撰寫於東京。當時筆者正在日本參加一個為期達一個月的國際性研討會。返港後不久，即看到了由阿諾・舒華辛力加主演的科幻電影《宇宙威龍》（*Total Recall*），片中對「記憶移植」所引起的「現實危機」（reality crisis）和「自我危機」（identity crisis）有十分精彩的描述。荷里活的製作竟然有這樣的「科幻深度」？片頭一瞬即逝的字幕洩漏了「天機」——原來劇本所基於的，乃是菲利普・狄克（Philip K. Dick）的一個短篇故事《記憶總動員》（*We Can Remember It for You Wholesale*）。

▲ 《記憶總動員》（*We Can Remember It for You Wholesale*）
菲利普・狄克 (Philip K. Dick) 著

失憶的往事

關於失憶，筆者有一個真實經歷可以分享。話說我和太太曾參加一個餐舞會，抽獎時幸運地獲得前往泰國布吉島的來回機票兩張。數月後，我和太太都安排好了假期，我於是前往航空公司確定出發日期和辦理領取機票的手續。第一次去當然未能立即取得機票，負責票務的那位太太說要過兩三天才可來取。可是接下來的幾天我都很忙，終於過了個多星期才能抽空前往，而這一趟難忘的經歷就這樣發生了。

負責票務的那位太太請我在她的辦公室裡稍候，她去另一處取票。好一會她回來了，卻說：「機票不是早已給你了嗎？」我當然說沒有。她於是再以她辦公室內的電腦終端機查索，不久螢幕上顯示出有關我這兩張機票的資料，上面的確記錄著機票已經發出。接著這位太太說，她清楚記得我總共來了三次，而第二次來時就已經把機票拿走了！

他們必定擺了烏龍啦！這是我最初的想法。可是這位太太愈說愈是確鑿，而且她除了電腦記錄外，還有另一本冊子也記載著同樣的事情。「你可能一時記不起吧，先生。」她十分肯定地說：「但在這之前你確實已把機票拿走了。」

一時間我如墮五里霧中。我口中雖然繼續力爭，但私底下卻不禁有點動搖了。對一個精明又記憶力強的人來說，拿了還是未拿當然不會有所疑惑。但我恰恰與這種人相距不啻千里。這有可能嗎？我暗自忖度：我真的已經拿了而自己全然記不起來嗎？一息間，一件事情的真與假就只能訴諸我的記憶——一副不那麼好的記憶。

幸好故事還是有個愉快的結局。我跟那位太太先是僵持不下，她於是再去找另一些同事查詢，但最後仍是不得要領。那時兩人也有點兒惱火了。「如果仍在我這兒的話，」她說：「我必定會把它們放在抽屜裡，但我的抽屜裡卻並沒有甚麼機票呀！」接著她順手拉開了

抽屜——VOILA！兩張機票正好端端的放在那兒！此時此刻這位太太的尷尬之情是不問可知的了。她再三道歉之餘，解釋說她最初以為我過兩天便會來取，故一早為我發了票並放在她辦公室等我。可是因為我過了近兩星期才來取，她已把事情忘得一乾二淨，還以為我一早已把機票取去……

記憶對一個人來說是多麼重要呀！而對自己的記憶失去信心，又是一件多麼可怕的事情！然而，就在這次經歷後不久，我又有另一次類似的經歷。

大概是十月的一個晚上吧，由於一連數晚都星光燦爛，我突然心血來潮，想帶著我的三寸折射望遠鏡往郊外觀星。可是我沒有車子，要是乘坐公共交通工具，帶著鏡筒、腳架、赤道儀、目鏡和其他附件前往郊外，是跡近沒有可能的一回事。我於是打電話給住得離我們不太遠的妹妹和妹夫，問他們有沒有興趣觀星，若有則駕車來接我們，再一起去郊外。他們考慮了一會，隨即答應並約定時間。我於是興致勃勃地開始收拾行裝準備出發。

而怪事也就發生了。望遠鏡的數枚目鏡和其他附件，我一向都放在一個自己另外購買的箱子之中。而箱子則放在書房中的一角，與鏡身和座架等靠在一起。可是我在收拾之時，箱子卻不翼而飛了。是放錯了在其他地方嗎？我和太太，還有和我們同住的小舅三人於是展開了地氈式搜索，但是家中每個角落都找遍了，還是沒有箱子的半絲蹤影。太太和小舅都問：「是否借給了別人？」但箱中的零件都只和我的望遠鏡對配，沒有可能單獨借給他人的呀！

由於箱子體積頗大，不可能隱藏在家中某些角落而未被發覺；也就是說，在搜了一遍之後，它的離奇失蹤是肯定無疑的了。有好一陣子，我心中突然有一種發毛的感覺——我想起了菲利普‧狄克（Philip K. Dick）的科幻小說，那些探討虛幻和真實、以及「現實崩潰」（the breakdown of reality）的小說。也許我不知怎地進入了另一個「現實」？而在這個「現實」裡根本不存在甚麼箱子？

其實在上一次經歷中我也隱隱有這種感覺：可能在另一個「現實」中，另一個李逆熵確實已經拿走了機票，而這兩個「現實」（在科幻術語中是「平行宇宙」 parallel universe）不知怎地交錯起來！

故事的結局大家可能也猜到了。最終還是記憶的問題！上次是別人受到她自己記憶的欺騙，而這次則是自己受到自己的記憶所欺騙。（不幸的是，兩次受驚的都是我自己！）

妹妹的車子就快到了，我對箱子的失蹤仍是茫無頭緒。小舅卻突然問：「你是否曾經把望遠鏡拿往某處使用，回來時忘了拿箱子？」正是「一言驚醒夢中人」！我去年確曾把望遠鏡拿往好友劉宇隆的家中，為的是在他家的天台觀測難得一見的「火星大沖」。我們走時把整副鏡留下，拜託劉宇隆日後來探望我們時，才順道駕車把它送回。可是——我如今記起來了——他卻遺漏了這個裝附件的箱子！只是事隔已一年多，而剛好其間我又完全沒有使用望遠鏡，因此整件事已完全丟在腦後。

記憶的追尋

上述例子都和「記憶」有關，也加強了我對「記憶」的重視。這重視並非在於日常生活的應用——雖然這無疑十分重要，而在於「記憶」對於「意識」、「自我」和「真實」的重大含義。

我們在市面上不難找到一些談及記憶的書籍，但這些書籍所談的，大都是如何改進記憶力和如何提高學習能力等問題。這些都不是我的興趣所在。

我的興趣在於：甚麼是記憶？記憶的生理基礎和物質基礎是甚麼？是化學的還是電流的？是分子的還是電子的？與此相關的問題是：對某一事物的記憶是儲存在大腦中的某一區域，還是分散於大腦的每一處地方？「回憶」這個過程究竟是怎麼回事？為甚麼可以這麼快？「忘記」又是怎麼回事？我們真的會忘記任何事情嗎？還是我們只不過「記不起來」罷了？人的記憶是有限還是無限的呢？

自初中開始，圖書館裡——不論學校的、公共的、英國文化館的、美國文化館的——若是有任何談論上述問題的書籍，都會被我急急借來用心地閱讀。我讀到有關俄國科學家巴甫洛夫的條件反射實驗、以鴿子選色板及白老鼠走迷宮的實驗，以及令人驚訝的渦蟲（flatworm）實驗。

在渦蟲實驗中，科學家發現：如果把受訓過的渦蟲碾碎，餵給一些未受訓的渦蟲吃，後者受訓時的進度會大大提高！這表示訓練產生的記憶，有可能通過物質來傳遞！科學家又發現，受訓過的白老鼠大腦皮質中的 RNA（即核糖核酸，ribonucleic acid）會有所增加，表示這種物質不單和遺傳有關，就是跟記憶也有密切的關係。

這些問題實在太引人入勝了。譬如說，我們對每晚所作的夢大都只能記得很少的一部分，但這是否表示有關這些夢境的記憶很快便不復存在？抑或它們永遠存在於腦中，只是我們無法——可能直至死的那一天——重喚罷了。而在心理學中，我們會遇到一些所謂

「記憶壓抑」的現象，就是某些人對一些太過可怕的經歷（大多是童年時的）失去記憶，日後卻在潛意識中受這事影響而妨礙精神健康。在催眠術中，我們則可刻意地命令某人忘記受催眠時所作的某些事情，直至他聽到一句特定的提示句語為止……

在此之上，還有的當然便是因腦部受損而導致的部分甚至徹底失憶。這種失憶固然為小說和電影提供了不少戲劇性的題材，也為科學家探討記憶的的本質提供了重要的線索——例如只記得聽而不記得怎樣讀、只記得讀而不記得怎樣寫、或只記得寫而不記得怎樣講等各種古怪的情況。

由記憶組合而成的人生

上述都是有關記憶的科學研究，這些研究實在是科幻小說創作的一個豐富寶藏，而不少優秀的科幻作品也確實以此為題材。但從很早開始，我便已從一個科學的角度轉向一個較為接近哲學的角度來看待記憶這個問題。我在中學階段便已得出這樣一個結論："Man is nothing but memories." 今天，我會補充一句："Reality is nothing but memories."（這是我一個十分大的弊病，就是習慣了以英文來思考。）

讓我再把這兩個結論重複一次：「人只不過是記憶的組合。」以及「所謂『現實』，只不過是記憶的組合。」

當然，這兩個結論是一而二、二而一的。因為脫離了人，也就沒有甚麼現實可言。我們之所以關心甚麼是現實，是因為我們存在。如果宇宙中沒有東西懂得問這個問題，現實與虛幻便完全沒有分別。

達到這個結論其實是十分容易的一回事。我幼時看有關失憶的電影和戲劇時，便常常有這樣一種疑惑：例如男主角因意外事故而失憶，事後根本認不得女主角——他的愛人，也記不起他自己是誰。故事中當然是女主角忠貞不渝，並千方百計恢復他的記憶。到結局

時，自然是精誠所至，金石為開，男主角恢復記憶，兩人以後快樂地生活在一起。但問題是，如果男主角最後無法恢復記憶呢？女主角是否始終堅守下去呢？假設男主角除此以外一切恢復正常，而女主角與他重新建立感情，那麼她是算專一還是算「移情別戀」呢？假如男主角愛上了另一個女孩，那他又是否算變了心呢？

當沒有了記憶，「我」還是我？

兒時的我，關心的當然不是「專一」還是「不專一」的問題，而是隱藏在這些問題背後的一個更深刻的疑惑：一個完全失去記憶的自我還是他以前的自我嗎？

無論我如何思索，我都只能得出一個答案：否。

在我所認識的事物當中，「自我」無疑是最神秘、最深奧的。不錯，無盡的時間、無盡的空間、奇妙的物質結構和永恆的運動規律……這些都是宇宙間深不可測的問題。但試想想，如果沒有了「自我」的認識和探問，這些問題又哪會存在呢？

構成「自我」的究竟是甚麼東西？這個世界為甚麼會有「我」和「非我」的分別？尤有甚者，一塊石頭和一個人在我眼中都是「非我」，可是這個人卻會告訴我：他的「自我」才是真正的「自我」；而我，則只是他眼中的「非我」而已。那麼，「自我」究竟是唯一還是眾多的呢？

數千年來，無數哲人智者都對「我是誰？」這個問題苦苦思索，並提出了他們的看法。對完全沒有學過哲學的我，當然無法對這個問題提出一個滿意的答案。也就是說，我無法給出構成「自我」的充分條件。但從關於失憶的電影電視情節中，我卻似乎找到構成「自我」的必要條件。

這個必要條件當然就是記憶，更確切地說，也就是大腦的記憶；因為即使我們的小腦仍然記得如何呼吸、如何進食和如何走路等功

能，大腦的記憶要是完全喪失的話，我將變成一個全新的我，而過去的我將不復存在，跟死了沒有分別。

還不止此，我們還可透過一個「思想實驗」來揭示記憶的重要性。假設一個二十歲的青年在生日那天因車禍而失憶；雖然事後他的其他方面完全恢復正常，但我們也總會覺得，他這個新生的「自我」是一個不完整、甚至是有缺憾的「自我」，因為它沒有童年，也沒有任何少年時代的回憶。它是一個從二十歲才開始的「自我」。

但這不打緊，因為這個「自我」開始時雖然十分「薄弱」，但隨著時間的流逝，它會逐步擁有它自己的回憶，發展出它自己的性格，成為一個較為充實、較為完整的「自我」——雖然它的記憶永遠不能超越「二十歲前」這個界限。

然而，假設這個青年的記憶不單無法超越時間上的某一刻，而且無法超越某一時間間隔，情況又會怎樣呢？

例如他的記憶只能及於一年內所發生的事情，一年以前的全不記得。這當然是一種很可悲的存在。（一些患上痴呆症的老年人所遭遇的正是類似的問題。）而我們也會認為這樣的一個「自我」是一個十分不完整的「自我」。

但在「思想實驗」中，我們毋須把時間間隔限於一年。我們可以設想，如果這個間隔只有一個月、一天、甚至一小時，這個「自我」將如何的一步一步萎縮。如果我們更為極端，把這間隔縮短為一分鐘、一秒鐘、十分之一秒、甚至千分之一秒，我相信你也會同意，我們平常所說的「自我」將不復存在。

一個無可避免的結論是：沒有記憶，就沒有所謂的「自我」。借用笛卡兒「我思故我在。」的說法，我們可以說：「我『憶』，故我在。」

然而，我在中學時代所提出的結論是更為極端的，我在日記上寫道：

「人只不過是記憶的組合。」

從邏輯上來說，這表示記憶不單是人之所以為人的「必要條件」，而且是「充分條件」。

這當然是個極富爭論的問題：一個人的「個性」和他的「記憶」似乎是兩碼子事；電腦有準確的「記憶」卻沒有「自我」等等是我們立即可以想到的詰難。但是在「個性」和「自我」等的本質仍是如此充滿爭辯的今天，我寧願維持我的「原判」，把這項「洞見」作為一項雄辯式的命題 (rhetorical proposition) 留待大家爭論。

「我思故我在。」

——笛卡兒

第 二 部

從虛無太初到
未知將來的
千頭萬緒

三分鐘宇宙

哲學家之特質 4

哲學家一直為悖論作無窮思辯！

　　若我說，宇宙是三分鐘前才被創造的，你必定以為我在開玩笑，要不就是神經有問題。但我若反問：「你如何能證明我是錯的？」你會怎樣回答呢？也許你會說：「你不懂得看看你身邊的每一件事物嗎？它們在三分鐘前不仍是好端端地存在嗎？」我卻繼續追問：「你如何能證明這些事物在三分鐘前確實存在呢？」「因為我還記得它們存在嘛！傻瓜！」你可能不耐煩地說……

宇宙是三分鐘前才被創造的！

三分鐘前宇宙不仍是好端端地存在嗎？

無懈可擊的謬論？

但你又有沒有想過——宇宙若真的在三分鐘前才被創造，那麼你的記憶也是在那時一併被創造出來的，無論記憶中包含著甚麼，也不能證明宇宙在三分鐘前真的存在。

「未有聽過這樣無聊的詭辯！」你可能禁不住說。不過，你始終是個冷靜和理智的人。要駁斥詭辯，當然要拿出真憑實據。於是，你拿起了身旁的一隻杯子說：「看，杯口這個小小的崩缺，正是去年一不小心撞成的。過去這三分鐘我碰也沒有碰它，這就證明宇宙存在了不止三分鐘！」

但你有沒有想過，這個崩缺，亦是和你的杯子一樣，是在三分鐘前一同被創造的？

杯口這個小小的崩缺，正是去年一不小心撞成的。

這個崩缺連同這杯子，包括你自以為是的記憶，也是可以在三分鐘前才一同被創造出來的呢！

你拿下書架上的一冊《唐詩》，說：「這些詩句流傳了已超過八百年！」然後再拿下一本《論語》，說：「孔子這些名言距今已超過二千年！難道它們都如你所說，只是三分鐘前才被創造出來的嗎？」

「不錯！」這正是我的回答。

　　除非你已氣得昏了頭腦，否則到此你應該明白，無論你再舉出十種、百種甚至千種證據，也不能動搖我的理論分毫。不錯，根據我的「三分鐘宇宙論」，無論是地層裡的恐龍化石還是太空中的日、月、星、辰，無論是萬里長城還是秦始皇兵馬俑、埃及金字塔還是雅典神殿、史記還是莎士比亞全集，以至你的日記中所記載的一切一切……統統都是三分鐘前一併被創造的。

這兩本確定是經典，怎會是三分鐘之前才出版！

所有事物都是三分鐘前才創造而成！

　　荒謬嗎？我第一個就同意這是一個荒謬絕倫的理論。但問題不在於我們「感覺」它是荒謬還是合理，而在於以下這個簡單的事實——無論從邏輯上或經驗上，我們也永遠沒法推翻這樣的一個理論。

　　也就是說，這個理論是完美無瑕、無懈可擊的！

　　但這個理論代表真理嗎？我相信沒有人會同意。這個不同意不單是感性上或常識上的不同意，因為我們可以證明，接受這種推論會導致嚴重的矛盾。

從完美到矛盾

　　我說宇宙乃三分鐘前才被創造固然無懈可擊，但若另一個人提出：「錯了，宇宙是五分鐘前才被創造的。」我又能夠提出甚麼反駁？明顯地，他的五分鐘宇宙論跟我的三分鐘宇宙論同樣是無懈可擊的。但假若他對我便錯，我對他便錯，兩者不能同時成立。

　　事實上，我們不單有兩個而且更有無數個不相容的「完美」理論。每個人都可以跑出來自創他的一分鐘宇宙論、兩分鐘宇宙論、三秒鐘宇宙論、一秒鐘宇宙論、三星期宇宙論、九天半宇宙論……。而每一個這樣的理論，都完全可以自圓其說、無懈可擊，因此也是無法推翻的。

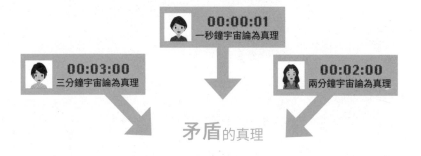

　　假若這些理論都宣稱自己為真理，我們便有無數個互相矛盾的真理。

　　這些分析究竟揭示了甚麼？它們揭示了，我們一向以為一個理論愈是完美無瑕、無懈可擊便愈接近真理，卻沒有想到，真正的無懈可擊，非但不是優點，而是一個理論的致命傷！

　　當一個理論可以涵蓋一切、解釋一切，完全可以自圓其說、完全無懈可擊之時，它似乎已立於不敗之力。因為即使從原則上出發，也永不可能找到邏輯或實踐上的證據，把這個理論推翻。但與此同

時，這個理論並非自動地成為絕對真理，而是成為了一些無聊的思辨遊戲。「三分鐘宇宙論」正是這些遊戲中的一種。

不要以為無聊的遊戲是筆者的杜撰，就是在嚴肅的哲學討論中，也有一派名叫「唯我論」（solipsism）的學說。按照這一學說，除了「我」是真實存在之外，外在世界根本不存在。一切我所見所感的事物（包括其他的人、其他的心靈），都只是我意識中的產物。

很顯然，這樣的一套唯我主義是永遠無法被推翻的，因為無論其他人給出任何證明，以顯示客觀的世界確實存在，以及他們也是有思想、有感情的自我主體，我也可以把這些證明，統統看成是「我」的意識產物的一部分！

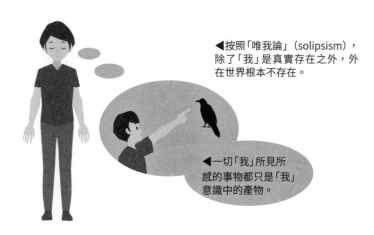

◀按照「唯我論」（solipsism），除了「我」是真實存在之外，外在世界根本不存在。

◀一切「我」所見所感的事物都只是「我」意識中的產物。

正因如此，唯我論在哲學中是一條死胡同，從來也沒有引起哲學家的多大興趣。從一出發便沒有可能被推翻的理論，我們還研究來做甚麼？

甚麼是科學？

有了這個基本的認識，我們便可較為深入地了解近代哲學家波柏 (Karl Popper，內地譯波爾普) 有關「科學界定」(demarcation of science) 的觀點。

波普爾提出的問題是：在思辨和討論中，不少人為了使論點更權威和更具說服力，往往都把論點冠以「科學」這個銜頭。例如一些人把馬克思主義稱為「科學的社會主義」，以別於以往的所謂空想社會主義。而在今天的商業社會中，我們更可到處碰到甚麼「科學減肥法」、「科學健身法」、甚至「科學算命」等。但究竟怎樣才算是科學？如何去判別某一事物是科學的還是不科學的呢？

簡單地說，科學的「界定」為何？

一直以來，人們在界定甚麼是科學、甚麼不是科學時，大都把注意力集中在「可被實證」(verifiable) 這個特性之上。按照這種觀點，配得上稱為科學的命題，就是一些有可能被實證的命題。

例如科學的命題是：「甲事件的發生會導致乙事件的發生。」那末我們所要做的，就是去觀察 (或製造) 一些甲發生的情況，看看在其他條件保持不變的情形下，乙是否真的隨著出現。若乙真的出現的話，命題便得到了實證。而實證的次數愈多，命題的可信性也愈高。

譬如說：「站得高些可以看得遠些」、「物體受熱會膨脹」、「食鹽可以令水的冰點降低」……等等，都是可以通過實踐來進行實證的命題。我們可以跑到高山上看看是否真的可以看得遠些；把物體加熱看看它是否真的膨脹；或是把食鹽加進水中，看看水的結冰點是否真的降低。實證成功的次數愈多，我們對這些命題的真確性信心自然愈大。

但要留意的是，由於受到某一時期的技術水平所限，一些命

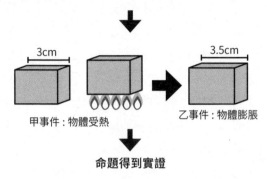

科學的命題是：「甲事件的發生會導致乙事件的發生。」

3cm

3.5cm

甲事件：物體受熱　　　　乙事件：物體膨脹

命題得到實證

題被提出後，未必能夠立即便進行實證。例如剛被提出時的相對論，和現時粒子物理學中一些涉及極高能量的假設，都無法立即被證實或推翻。但關鍵在於，從原則上出發，命題的「可實證性」（verifiability）必須存在，否則命題便永遠只能是一派空言，真偽無從確立。

可是，波柏對這個傳統的定義卻不甚滿意。依他所見，驗證——即透過實踐將命題與現實世界互相印證——無疑是科學探求的最基本精神。但人們卻過分重視驗證的正面——實證，甚至以「可實證性」來界定科學。這種做法，他認為缺乏邏輯上的嚴謹性，因此是大有問題的。

天狗食日還是天貓食日？

以下的例子可以較為清楚地說明問題所在。

日食是古人極畏懼的天象之一。為了解釋太陽為何會突然黯然無光，各民族都編造了不同的神話。例如中國就有所謂「天狗食日」之說。按照這個說法，太陽消失是因為天狗把它吞噬了。要大地重光，就必須盡量敲響鑼鼓，令天狗受驚而把太陽吐出來。

這是一個科學的理論嗎？讓我們以「可實證性」來試驗一下。一

次日食發生了，眾人拚命地敲打鑼鼓，大地終於重現光華；另一次日食發生，眾人再次打鑼打鼓，太陽又一次的重現，如是者屢試不爽，理論每一次都得到實證，這不是科學是甚麼？

當然，若另一理論假設日食乃「天貓食日」，而跪地向天貓膜拜才可免於難，自然亦會得出同樣的結果。

聰明的人會看出，判辨命題真偽的做法，不是每次都敲鑼打鼓（或跪地膜拜），而是嘗試一次不打鑼鼓，看看有甚麼事情發生？也就是說，不是單單去實證一個假設，而是企圖去「偽證」一個假設——如果不打鑼鼓太陽也重現，原先的假設便被推翻了。

波柏的突破性貢獻，正在於指出了「可偽證性」（falsifiability，也譯作「可否證性」）——而非「可實證性」——才是真科學的試金石。

驟看起來，「實證」（verification）和「偽證」（falsification）似乎只是一個銅板的兩面，在本質上沒有甚麼分別。因為任何「驗證」（test）都必然包含著這兩種意義：驗證的結果可能為真（實證），也可能為假（偽證）。但如果我們看深一層，便會發覺實證和偽證在邏輯上實存在著一種根本的「不對稱性」（asymmetry）。因為無論多少次成功的實證，也不能絕對地確立一個理論（如所有天鵝都是白色）為真。但只需要一個反例（即偽證，例如找到了一頭黑色的天鵝），便足以證實這個理論為假。

試想想，如果一個理論從原則上也是無從偽證的，亦即我們無論進行多少實驗，搜集多少證據，也永遠沒有可能證明它是假的，那末我們還需要進行甚麼科學探求呢？正如沒有科學家會研究「三分鐘宇宙論」，一個這樣的理論也不會成為科學研究的對象。

至此，我們可以回答「科學的界定為何？」這個問題。稱得上為

▼ 如科學的命題是：「天鵝都是白色。」
「實證」：找到無數白天鵝
「偽證」：黑天鵝

「偽證」和「實證」有根本的「不對稱性」（asymmetry）。
只需要一個反例（黑天鵝），便足以證實這個理論為假。

「『可偽證性』（falsifiability）
才是真科學的試金石。」
——近代哲學家波柏

科學的命題，都是一些從原則上有可能被偽證的問題。

　　愛因斯坦的「相對論」是最優美的科學理論之一。但科學家之所以接受相對論，並非因為它在數學和觀念上的優美，而在於它一次又一次成功地經歷了多項偽證性的實驗——亦即一些結果有可能跟相對論的預測不相同的實驗。宇宙線中 μ 介子的壽命和日全食星光偏折的觀測，只是眾多實驗中較為著名的例子。

　　要澄清的一點是，一個理論「不可偽證」並不表示它就不可以是真理——世界可能真的是三分鐘前才被創造的呢！我們要指出的只是，這一類理論並非科學研究的範疇，因此不應冠以「科學」的稱號。

　　有關這類理論，波柏舉了三個著名的例子，分別是：星相學、心理分析和馬克思主義。

星相學是科學嗎？

星相學（又稱「占星術」）把人世間發生的事情，都歸咎為天上各種星象組合的結果。如是者，一個人的性格、稟賦、命運、甚至年壽，都取決於他出生時所屬的星座，以及往後各種有關的天象變化。個人如此，而就算是國族興亡、世局安危，都隨著星辰的運行而冥冥中受到主宰。

姑勿論相隔千百光年的星辰在視覺上的偶然組合，如何能決定一個人的性格運程，我們有興趣的是，從原則上說，星相學有可能被證明是錯的嗎？

若占星說我這個星期會贏大錢而我真的贏了大錢，信奉星相學的人自然會跑出來大肆鼓吹占星是如何的靈驗。但假若我不贏反輸，你想同樣的人是否會承認星相學不可靠，是虛假和錯誤的呢？

當然不！相反，他們會找出種種稀奇古怪的理由，去解釋預言為何失準。總之，無論是這錯那錯、你錯我錯，也絕不會是星相學本身的錯。

每年的除夕，各國知名的星相學家都會發表他們的偉論，預測明年將會發生甚麼大事。但你可曾聽過有星相學家因預言失準而承認星相學有問題？當然不會，所謂「天意難測」，更多失敗的預言，也不會動搖星相學的分毫。簡而言之，星相學是永遠無法被偽證的。

因為 A 所以 B 會發生。

但因為 C、D、E 所以 B 沒有發生。

◀正因缺乏「可偽證性」，星相學只能永遠是迷信，而不能成為一門科學。

預測時

失準時

心理分析是科學嗎？

作為無法偽證的理論，波柏所舉的第二個例子是心理分析。

心理分析的始創人是佛洛伊德 (Sigmund Freud)。佛氏最大的貢獻，在於指出了潛意識在人類精神活動中的關鍵作用。按照他的理論，我們日常的思想與行為，不少乃由一些我們全不自覺的潛在意識所決定。這些意識可能是某種慾求、厭惡、恐懼、憤怒和仇恨。它們的成因大多和我們童年經驗有關。但最重要的一點是，它們往往受到不自覺的抑壓而隱藏在潛意識的世界，以致無法被我們所識別，故此也不受我們的理性所控制。

潛意識理論對心理學和精神病治療方面有很大的貢獻，但正如把任何真理推到極至都會變得荒謬，將潛意識的作用過分的誇大甚至絕對化，只會帶來荒謬的結果。這種情況在心理分析學派創立初期的二、三十年代確實出現，而波柏所針對的，亦正是這種「走火入魔」的心理分析理論。

假若我說：「你有很嚴重的自殺傾向。」你必會罵我在胡說八道。但我若反問：「你怎知你沒有呢？」你可能會說：「我自己有甚麼傾向，難道我不知道！」 但問題正出在這兒。俗語有云：「看見別人眼中的微塵，卻看不見自己眼中的大樹。」我們對別人的了解，往往多於對自己的了解。而心理分析學說則更進一步，指出我們因受潛意識的影響，從原則上也沒有可能真正了解自己的動機和取向。尤有甚者，這些潛在的傾向往往會轉化或「昇華」為一些表面上看來全不相干的思想與行為。只有受過高深訓練的心理分析專家，才能從這些表面的行為之中，揭示背後隱藏著的欲望和困擾。

於是，你自己認為你沒有自殺傾向是毫不相干的。只要我認為你的自殺傾向是一種潛意識，那末你不知道也不感到是完全合理的、應該的。若你要我提出證據，我可以隨便拿出你的一言一行，然後

幾經轉折，把它們解釋成為你的自殺傾向的外在表現。你不同意我的解釋也無濟於事，因為按照同樣的原則，解釋中涉及的因果過程，也是超乎你的意識範圍的。

事實上，我不單可以論證你有自殺傾向，我還可以論證你有嚴重的自卑感、極度的自戀狂、有反社會的傾向、有同性戀的傾向、有仇恨異性的心理、或甚至有「弒父戀母」情節 (Oedipus Complex)……等等。任你舉出任何相反的證據，最終也可被我解說（當然你會說是曲解）為支持我的論點的證據。例如你指出你一向最喜歡表現自己，何來嚴重的自卑感？我卻指出這正是你的潛意識企圖掩飾自卑感的一種裝腔作勢的做法；又例如你指出你最喜愛親近異性，而異性的好友更遠比同性的多，又哪會有同性戀傾向呢？我卻會指出：你常常刻意親近異性而遠離同性，正是基於潛意識內在對同性戀傾向的恐懼（因這種傾向不容於社會），所以故意「倒行逆施」以作掩飾……！

當然我是故意誇大心理分析中的荒謬成分。但事實上，在佛洛伊德的「泛性論」甚至「唯性史觀」的影響底下，不少心理分析專家曾將人類的一切行為甚至全部歷史，都解釋為性慾的衝動、壓抑和昇華的表現，其理亦同出一轍。

正因這類推論永遠無法被推翻，按照波柏的定義，心理分析不能算是科學。

辯證唯物史觀是科學嗎？

除了星相學和心理分析外，波柏列舉的第三個不可偽證的理論，是馬克思主義中的「辯證唯物史觀」。

正如心理分析一樣，辯證唯物史觀亦包含著鮮明的真理；但也如被推至極端的心理分析一樣，被推到極致的辯證唯物史觀，亦會陷入「不可偽證」的泥坑之中。

　　按照唯物史觀的觀點，人類歷史的最終原動力是經濟生產力。一般而言，生產力的水平決定了「生產關係」的形式，而「生產關係」的形式則決定了「社會關係」，而「社會關係」則決定了一切「上層結構」——包括政治、宗教、法律、文化和思想意識等。就生產關係而言，自人類離開原始公社的階段，往後各個歷史階段的最大共通點，就是私有制的建立與持續。也就是說，社會的財富被操縱在一小撮人的手中，而廣大的無產者，只有被這一小撮人勞役、壓迫和剝削的份兒。

　　反映到政治的層面，這種財富的不均自然導致權力的不均，於是便出現了階級以及階級的對立和矛盾。例如奴隸社會中的奴隸主和奴隸、封建社會中的貴族和農民、資本主義社會中的資本家和工人階級等。

辯證唯物主義

生產力 —**決定**→ 生產關係 —**決定**→ 社會關係 —**決定**→ 社會的上層結構
包括政治、宗教、法律、文化和思想意識等

無產者被剝削，財富不均導致階級對立。　←**私有制**

「人類的歷史是一部階級鬥爭史。」

——馬克思

在正常情況下，社會關係及生產力是相適應的。但經濟生產力的不斷發展，往往令社會關係與之脫節。這時，社會關係成為了生產力發展的羈絆，惟有進行徹底的變革，才能使歷史繼續前進。反映到政治層面上，被壓迫的階級需要起來推翻壓迫的階級，從而創造出新的社會秩序。

在這個意義上，人類的歷史是一部階級鬥爭史。站在「革命」還是「反革命」的立場，決定了我們是推動歷史（進步）還是阻礙歷史（反動）。在無休止的階級鬥爭之中，兩者必須劃清界線。

在馬克思的論述中，資本主義是私有制發展的最高階段。但資本主義的內在結構，已包含著使它趨於滅亡的種子。隨著利潤率下降、經濟危機日趨劇烈和社會中的兩極分化日趨嚴重之時，備受壓迫和剝削的無產階級勢必爆發革命，把資產階級徹底埋葬，完成歷史的使命。

而無產階級革命與以往一切革命的最大不同處，是它推翻的不單是一個統治階層，而是萬惡的私有制本身。革命的成功將使人類步進一個回復到公有制的共產主義社會。在這個社會裡，人人各盡所能、各取所需，沒有剝削，沒有壓迫，是人類理想中的大同境界。

無可否認，這是一套極其宏偉而迷人的理論。但這是一套科學理論嗎？

對人類的歷史是否能概括出像物理和化學中的變化規律，以及歷史是否可以被預測等問題，波柏在他的著作《歷史主義的貧乏》（The Poverty of Historicism）中有精闢的論述。我們如今要分析的，只是以「可偽證性」這個標準來看，唯物史觀應否歸類為科學。

按照唯物史觀的看法，意識型態屬於社會中的「上層結構」，而上層結構是由社會關係所決定的。故此，無論在哪一個時代，我們的道德標準、價值取向和是非觀念等，都離不開我們在社會關係中所屬的地位。毛澤東對此曾作出扼要的說明：「在階級社會中，每一

個人都在一定的階級地位中生活，各種思想無不打上階級的烙印。」

認識到每種思想都可能有其階級局限性，對了解歷史來說顯然是一種進步。但如果將「階級局限性」這個觀念無限上綱，則難免導致荒謬的結果。

首先，對辯證唯物史觀的任何批評，我們都可以毋須深究，而用「階級局限性」這件法寶，一棍打死。如是者，反對者所提出的自由只是資產階級的自由、民主是資產階級的民主、法制是資產階級的法制、人權是資產階級的人權，甚至邏輯亦只是資產階級的邏輯……。請不要以為這是開玩笑，不少專家曾認真地提出形式邏輯應該從屬於辯證法；而四人幫時期的電影《決裂》曾宣稱「一加一等於二也有階級性！」

大家可能立即會想到，既然每個階級都有其階級局限性，無產階級自也不會例外。也就是說，無產階級所認同的真理也並非「放諸四海而皆準，施諸後世而無朝夕」。

辯證唯物主義者的答案是：由於無產階級的利益代表了整體人類的利益，因此無產階級的真理是沒有局限性的，是普遍的真理。換一個角度看，無產階級的思想固然也打上了階級的烙印，但這個烙印是「正確的烙印」。相反，所有其他階級的烙印都是「錯誤的烙印」。

按照這種邏輯，辯證唯物主義可謂立於不敗之地。既然「真理在我」，你支持辯證唯物主義表示你已認識真理。筆者於此實在有很深刻的感受。記得唸大學時正是四人幫如日中天的時代。那時與不少激進的同學討論馬列主義時，就算是傾足三日三夜，最後對方只需搬出一句：「你不贊同我的觀點，只因你的世界觀未改造過來。」我就只有俯首稱臣！

從較具體的角度來看，不少人曾指出，馬克思生前所作的預言大部分都沒有兌現：例如有關無產階級革命將在工業最發達的國家

爆發、日益嚴重的經濟危機將使資本主義分崩離析、社會上的兩極分化會把大部分人變成赤貧的無產者……等等。但從來也沒有馬列主義者會因此而認為馬列主義有問題。相反，批評的論點永遠只是「資產階級的論點」，當然無法動搖馬列主義分毫。

正因馬列主義有這種無法偽證的特點，所以波柏認為它不能算是科學。（當然，波柏的科學觀也只是「資產階級的科學觀」而已！）

神創論——只要相信，就是真理！

除了波柏所舉的星相學、心理分析和馬克思主義這三個例子外，筆者還找到了另一個無法偽證的突出例子，那便是基督教中的「神創論」。

按照神創論，宇宙萬物——包括人類——都是由一個全能的上帝所創造的。至於如何創造及何時創造，則要視乎論者對《聖經》的理解。例如十七世紀的一位英國大主教烏沙（James Ussher），就曾根據《聖經》推斷世界是在公元前四〇〇四年被創造的。十九世紀初，法國博物學家居維葉（Georges Cuvier）則加上了他對古生物的認識，推斷上帝曾創造生物 27 次之多。

到了今天，對「上帝六日創造天地，以泥土塑造亞當，以亞當的肋骨創造夏娃……」等描述，不少教徒已能視之為一種寓意式的描述，因此毋須堅持字面上的解釋。但另一方面，卻仍有不少所謂「原教旨主義」教徒，堅持《聖經》上所載的每一個字都是金科玉律、確鑿無疑的。

但這一班人怎能將他們的信仰和現代科學所揭示的事實——特別是生物進化的事實——互相協調呢？

唯一的方法當然就是否定科學所揭示的是事實。也就是說，否定地質學和放射性鑑齡法對地球年齡的測定、否定地層中的化石乃遠古生物的遺骸、更否定一切有關生物進化的證據，以及各種古人

類如北京猿人的存在等。

但他們如何能夠做到這一點呢？因為有關上述事實的證據，就是呈上最嚴厲的高等法庭，也會被判成立。他們一般有三種途徑，第一種——也是最多人採用的——是漠視證據，或以一知半解的態度，胡亂否定證據的有效性。第二種更高明，就是指出所有證據都是上帝所創造，用以考驗我們的信德！至於第三種則最徹底，就是否定理性思維在認識上帝方面有任何地位。

我們立即可以看到，原教旨教徒若是採取第二或第三種途徑，他們將永遠立於不敗之地。第二種途徑基本上有點像「三分鐘宇宙論」，即地層中的化石雖顯示生命存在已超過千百萬年，但你如何能證明這些化石不是三分鐘前（或三千年前）才被上帝創造出來的呢？

但我們較有興趣的是第三種立論。讓我們較為詳細地分析一下。這套極端的神創論（或有神論）的論點是這樣的：

（一）有一個至高無上的、全能的神

（二）這個神創造了萬物——包括人和人的理性

既然萬物和人的理性都是神的創造物，那末人類企圖以他的理性加上對萬物的探究來證明或反證神的存在，都是全然沒有意義並注定失敗的。例如我們問：「神能否造一塊他自己也搬不動的石頭？」以指出「全能」這個概念的矛盾。但我們有沒有想過，我們有關「邏輯矛盾」的觀念只不過是神的賜予，而神本身是超越邏輯的。

◀▶ 神創論 VS 進化論

認識神的途徑只有一個，就是「信德」。而信德的定義，就是無條件地篤信上述（一）和（二）兩項立論。

不用說，這套有神論是完美無瑕、無懈可擊的。正因如此，它也和三分鐘宇宙論、星相學、心理分析和馬克思主義一樣，與科學沾不上邊。而所謂「自然神學」（natural theology，即指出萬物乃神的見證）和「基督教科學」（Christian Science）等，事實上是對整套有神論的一種背叛。

當然，上述的這套有神論，關鍵在於「信德」這兩個字。因為你是否接受立論 （一）和立論（二），完全視乎一己之心。你當然有權選擇不接受，如是者則往後的推論便變得全沒意義。但一旦你接受了，則整套信念便活像一條咬著自己尾巴的蛇，信的人固然永遠無法再跳出來，而外界的人也永遠無法搖動它分毫。

從宗教的角度看，信德是至高無上的一種美德。但信德究竟是甚麼的一回事？筆者曾經看過一個很好的說明：要我們接受二加二等於四這回事，我們毋須擁有任何信德。只要把兩個蘋果和兩個蘋果放在一起，或是兩隻羊和兩隻羊拉在一塊兒，我們立即便會看出「二加二等於四」這個命題是真的。這說明了，基於充分的證據而相信，只能算作理解，卻不能算作信德。反過來說，信德就是在沒有充分證據的情況下而確信的一種心態。荀子曾經說過：「無驗而必者，愚也。」而信德所鼓吹的，正是這種無驗而必的精神。〔編按：對於「神」這個概念的分析，下一篇文章會有更詳盡的討論，有興趣的讀者必不可錯過！〕

▲「二加二等於四」這個命題可以獲得經驗上的實證，而這說明了，基於充分的「證據」而「相信」，只能算作「理解」，卻不能算作「信德」。

有沒有能夠足以解釋一切的理論？

回到科學界定這個題目。我們既然提出了「可偽證性」作為科學界定的準則，那麼是否表示，科學界中便永遠不會出現一些無法偽證的理論呢？這又未必。因為「無法偽證」可以是原則上的，也可以是技術上的。原則上無法偽證的理論固然不屬於科學的範疇，但技術上一時無法偽證的理論，我們卻不必把它摒諸門外。科學家的做法是把它記錄在案、容後處理。

近年來，在研究物質根本結構的最尖端領域中，便出現了上述的情況。八十年代中期，一些物理學家提出了一套被認為足以統一自然界各種基本力的理論：「超弦理論」（Superstring Theory）。這套理論曾經受到了高度的重視。不少人認為我們終於找到了一套「足以解釋一切的理論」（Theory of Everything，簡稱 TOE）。

但問題是，超弦理論所涉及的空間尺度，比我們今天所認識的基本粒子還要細無數倍。而要探測這種超微尺度所需的能量，比今天最大的粒子加速器所能提供的還要大 17 個數量級（亦即 1 之後 17 個零）這麼多倍。這個驚人數字，在可望的未來也遠遠地超乎人力所能達到的範圍。也就是說，我們無法對這個理論進行任何驗證。

結果怎樣呢？結果是科學家對這個理論的熱情已經冷卻下來。他們並沒有否定這套理論在科學中的「合法地位」，只是認為理論既然無法在現階段得到實證還是偽證，惟有「記錄在案、以觀後效」。

至於這套理論的支持者，則正在致力尋找可以間接地驗證這一理論的種種途徑。而這些途徑，歸根究底必然是一些有關可觀測現象的預測。這些預測一旦提出了，觀測的結果便有可能與預測中的有所不同。簡言之，要使這套理論重新受到重視和有所發展，便必須建立起這套理論的可偽證性。

「進化論」之無法驗證

同樣涉及可偽證性的困惑，卻遠為大眾所熟悉和深感興趣的一個理論，是達爾文為了闡釋生物進化現象而提出的「自然選擇」理論。

自然選擇的中心思想是「物競天擇、適者生存」。但不少人很早便已指出，究竟何謂「適者」，實在難以下一個定義。對環境的適應其實是十分複雜的一個現象。怎樣去判別某一生物個體比另一生物個體更為適應環境，則更是一件極其困難的事情。最確鑿無疑的一個判別方法，似乎便只有從生物個體的生存機會來界定：生存機會高的自然表示適應能力強，而生存機會低的則表示適應能力弱。

但問題是，我們把生存機會的高低來定義何謂適者，立即便會導致一種十分尷尬的情況。因為自然選擇理論所要解答的問題正是，在「物競」和「天擇」的情況下，何者才會生存呢？答案是，只有最能適應環境的——亦即適者——才能生存。

但我們剛好看過，只有能夠生存的我們才稱為適者。如是者我們便陷入了一種循環論證（circular argument）的境地：只有生存的才是適者，只有適者才可生存！這似乎只是邏輯上的「同義反覆」（tautology），而不是甚麼科學理論。

事實上，波柏便曾經在他的一本著作中提過：「達爾文主義」（即自然選擇理論）並非一個可以驗證的科學理論。由於波氏在學術界的崇高地位，他這句說話在科學界引起了頗大的反響。要知達爾文的自然選擇理論在生物學中佔有極其重要的地位。這個理論不單解釋了大量的生物現象，而且在各門研究中也起著指導性的作用。它是不是一個無法驗證——亦即缺乏可偽證性——的理論，是科學界以及大眾所關注的問題。

特別要強調的是，以上的困惑並非針對生物進化這一事實，而只是針對用以解釋進化機制的一個理論。一些人以為機制理論受到了質疑，便急不及待地宣稱進化論已被證明是站不住腳的！其實真正被證明的，只是他們的無知罷了。

▶只有生存的才是適者，只有適者才可生存！這似乎只是邏輯上的「同義反覆」(tautology)，而不是甚麼科學理論。

「自然選擇」之科學剖析

然而，即使是「自然選擇」這個機制理論，真的已被證明是站不住腳嗎？其實不然。問題出於我們把理論的內容作了過分簡化的考慮。自然選擇的內容其實是：生物個體與個體之間必然有所差異，這就是所謂「遺傳變異」。變異可以是微小和累積性的，也可以是巨大和突發性的。前者來自有性生殖中的基因重組，後者來自基因本身的偶發性突變。

由於生物具有強大的繁殖力，而自然界的資源則總是有限的，資源的供不應求自然會導致激烈的競爭。在這種競爭底下，某些遺傳變異可能會令有關的生物個體稍為優勝於其他的競爭個體，結果是擁有這種變異的個體的生存機會略為提高。

這正是方才令我們感到困惑的問題。我們問：「誰的生存機會提高？」答案是：「較優勝的個體。」但怎樣才算「較優勝」呢？當然是以生存的機會率來衡量。這不是一種循環論證嗎？

但在細察之下，這種循環論證其實只是一個語文上的問題。問題源自我們日常生活的習慣語法。我們慣於說優勝劣敗，隱含有「優則勝、劣則敗」的因果關係。但同樣地，亦有人喜歡「以成敗論英雄」，亦即認為「勝者謂之優、敗者謂之劣」，所謂「優劣」應以「勝敗」

來定義。這原本是一個久已存在的語意學問題。但不幸的是，自然選擇理論一旦用上了類似的字彙，便被牽涉到這個爭論之上，使人感到混淆不清。

事實是，我們完全可以不用「優勝」或「低劣」等主觀性的字眼，而仍然能夠把自然選擇理論的中心思想表達清楚。例如我們可以把「適者生存」這項為人詬病的推論改寫為「某些遺傳變異可能會令擁有這些變異的個體的生存機會略為提高」，所得出的意義便更為準確。而且我們立即便可以看出，句中的情況總是會出現的，其間並不涉及甚麼循環論證或邏輯悖論。

弄清這一點之後，讓我們看看所謂自然選擇實際上是怎樣運作的。

假設某一生物個體擁有的遺傳變異，可令牠的生存機會提高。那末這一個體將這些變異傳給大量子女的機會，自亦會相應地增加。同樣道理，這些子女將這種變異遺傳給後代的機會亦會被提高。如此類推，這種變異便會在羣種中傳播開來。相反，一些變異會令生物個體的生存機會降低，連帶他孕育出的子女數目也會降低，久而久之，這種變異就必然會受到淘汰。而生物的進化，就是這些變異在億萬年的長時間底下被淘汰和累積而成的結果。

遺傳變異與後代數目互為促進，最後導致擁有不同變異的後代數目出現愈來愈大的差別的這種情況，生物學家稱為「級差繁殖」（differential reproduction）。正是這種級差繁殖，形成今天多姿多采的生物世界。

明白了理論的真正含義，我們回過頭問：「這個理論是否具有不可偽證性呢？」當然不是。從這個理論出發，我們可以推導出不少有關生物羣種變化的預測，而這些預測都是可以通過觀測或實驗來證實（或推翻的）。從這個意義看，自然選擇理論完全是一個科學的理論。而波柏有關這個理論的斷語，可算是一時的失言。

當然，說自然選擇理論是一個科學的理論，並不等於說它就是一個正確的理論。這個理論的正確與否，必須由具體的驗證結果來判定。為了解釋進化的機制，在以往我們還有拉瑪克的「獲得性遺傳學說」，而在今天，則有木村資生的「中性突變論」。前者已被證明與事實不符，但後者則認為是對自然選擇理論的重大修正。總之，科學是不斷前進的。而所以會前進，正是因為科學理論具有「可偽證」的性質。

最後要指出的是，這兒所介紹的「偽證性原則」，只是波柏整套「偽證理論」中最基本和最簡單的部分。波氏的理論，涉及科學探求上的認識論和方法論等問題，內容可謂博大精深，而偽證原則的建立，實源自波氏對歸納法的否定，以及他所倡議的「試錯法」（method of trial and error）的科學發展觀。

科學發展理論是一門十分引人入勝和趣味盎然的學問。多年前，筆者便曾在大學舉辦一個跨院際的研討會，題目正是「科學的演進：漸進式、革命式還是毫無法式？」，由於篇幅關係，這裡不作詳細介紹。讀者若有興趣，可以找一些介紹「科學哲學」（philosophy of science）的書籍來看。

◀木村資生（1924.11.13~1994.11.13），日本生物學家，他提出了分子水平的中性演化理論和對理論群體遺傳學的完善而聞名於科學界，其著作《分子演化的中性理論》（The Neutral Theory of Molecular Evolution）被認為是達爾文的《物種起源》之後最重要的理論著作之一。

科學 VS 偽科學

「三分鐘宇宙」這個題目，最初看來好像是戲謔的胡扯。而分析下來，卻又像一個嚴肅的學術題目。其實，它兩者都不是。

這個題目的真正意義在於，它提供了一把可以砍掉各種謬誤和偽裝、而直透事物本質的利刃。這把利刃，使我們對周遭的事物和言論能作出正確的判斷。當然，這利刃只是一個起點。要獲取堅實可靠的知識，還須我們作出踏實苦幹的具體研究。

在這個真理和謬誤混雜的年代，怎樣辨別是非，比任何一個時期都來得重要。謊話說上一百遍並不能使它成為真理。而即使由最先進的電腦計算出來的結果，也不一定表示它正確無誤。可悲的是，對不少人來說，上述正是他們判定某一言論是否真理的標準。

事實上，在這個號稱「科學時代」的二十一世紀，卻仍有不少受過高深教育的知識分子，對科學——包括科學知識和科學精神——嚴重地缺乏了解，以致各種形形色色的偽科學，仍然得以大行其道。

筆者認識一位做醫生的朋友。彼此談及科學的價值和意義之時，他曾帶著點挑釁的語氣問到：「依你看來，科學家是不是具有開放心態的一羣人？」其實他背後的含義，是指科學家乃一班保守、甚至封閉的學究，是一股「反動」而不是「進步」的勢力。

為甚麼他會有這種觀感呢？原來他認為科學界不肯承認命理、風水、信仰治療和特異功能等事物，即表示科學家不夠開放，而只滿足於躲在他們自己所建的象牙塔之中。

「依你看來，科學家是不是具有開放心態的一羣人？」

這其實是一種很奇怪的情況。科學探求所標榜的正是獨立自由的思考，因此特別強調開敞的心智和批判的頭腦，以挑戰一切封閉的教條和權威。有趣的是，正是這種懷疑批判的頭腦，卻招來了科學家「封閉」的指摘。

可是，科學就是要求我們有批判性，而各式各樣的偽科學，卻要求我們放棄這種批判性。

對於鼓吹偽科學的人，科學家若是將嚴格的驗證程序用在一般的自然現象之上，他們不會哼一句聲。但只要把同樣的程序用在他們的身上，他們便會大喊科學家如何的頑固、保守、封閉、缺乏誠意，甚至訴說受到迫害！被他們所煽動的普羅大眾並不明白，即使對一項最普通的物理或化學假設，科學家也會應用同樣嚴格的驗證手段。而且驗證設計的中心意念，正是千方百計地去偽證這項假設。

批評科學家封閉的人可沒有想過，他們認為科學家不能接受異乎尋常的事物，是如何的大錯特錯。現代科學所揭示的自然奧秘，比任何人所能想像的都更為神奇、更為不可思議。其中例如腦電波、生物時鐘、蜜蜂的舞蹈、蝙蝠的超聲波、候鳥的磁向導航、人腦的左右分工等；此外，還有大陸的漂移、地球磁場的逆轉、真空的擾動、宇宙的膨脹、波粒二象性、反物質、恆星爆炸、中子星、黑洞、蛆洞……等。

其實，我們毋須訴諸億萬光年以外。就以我們最熟悉、因此也覺得最為平凡的無線電波來看，只要嘗試想像一下，無線電波充斥於我們周遭的空間，既看不見亦摸不著，卻能傳遞聲音和畫面！那不是匪夷所思的「魔術」又是甚麼？

至此我們應該明白，科學和偽科學的區分，完全不在於結果，而在於建立這一結果的過程。而波柏所樹立的，正是這一過程中一項判決性的準則。所謂「真金不怕洪爐火」，只要是真理，便不用怕爐火的鑄燒。相反，它只會愈經考驗而愈發顯出它的光輝。

「神」這個概念的分析

　　「神」這個概念不是自古便有的，從遠古時代的原始部族社會中的巫術、圖騰膜拜、泛神論、多神論等思想，以至近世（指近三、四千年）所產生的排斥性的「一元神論」，其間發展的過程是漫長而且曲折的。以現時的信仰趨勢而言，無可否認一元神論（monotheism）是佔了極主要的支配地位，而在所謂宗教與科學的衝突中，站在宗教前線的領導主體也正是一元神論──特別是起源於古代猶太教的一元神論，亦即現代天主教、基督教的基本教義。我們研究「神」這個概念，便因此很自然地集中於這一體系所信仰的那個「神」──即古時所稱的耶和華，現時的上帝、天主。研究一元神論思想的形成和發展的過程，是文化人類學者的工作，我們現時主要的任務，是探討一下在今時今日的形式宗教裡，「神」這一概念的內涵究竟為何。

「你一定要信 X！」的大辯論

若有人對你說：「你一定要信 X！」我一定會問：「甚麼是 X？」同樣，當你說：「我們都要相信上主！」我一定反問：「上主究竟是甚麼？」

有些人認為上主（或神）這個詞語是不辯自明的，是毋須細問的一個共同意識，這種看法實在是太天真了。「神」這個概念是十分複雜的，而且解釋也各有不同。我們首先一定要弄清楚，你所信的神與我所說的神是否一致，忽略了這一點是很多混亂與誤會所產生的原因。

我曾把「神的定義為何？」這個問題分別問過不少天主教或基督教的信徒，而我最常得到的答案是：「我們根本不可能為神下一個定義。人類以其有限的理解，蓋不能全部認識神的無限偉大，更何況是定下一個認識的框框，把神局限起來呢？」

這當然是一個意料中的答案，但這是否表示「此路不通，別無他路」？我們是永遠不能對神這個概念作進一步研究呢？

不。我們雖然不能得到神的一個窮盡性的最終定義，卻可以轉過來談神「應有的基本屬性」。誠然，我們必須說明：這些屬性（attributes）並不是十足充分的，我們所要求的不是充分條件，而是必要條件。我曾多次主動提出若干這樣的條件讓一些教友選擇，而他們亦屢次贊成這種嘗試，結果得出了下列的「通過議案」：

神之所以為神，必須是：

（一） 萬物的創造者

（二） 萬物的主宰

（三）「人格化」的

（四）　無處不在的

（五）　永恆的

（六）　「全能」的

（七）　「全知」的

（八）　「至善」的

　　這八個條件當然不能完全地形容神，但也已包括了較為關鍵的要點。我們把表列重看一遍，將發覺有很多地方很值得商榷，有些地方則可能會「過簡」和「不完全」。例如：萬物的創造者未必是萬物的主宰（如印度教中的神即是）；在天主教、基督教教義中，「神造萬物」應該包括「天主造人」，所謂「人格化」其實指人類是依照著天主的形象造出來的，實是人類的「神格化」，而「天主的形象」並非指天主是男人或是女人、是黑人還是白人，而是指天主聖靈的本質；至於無處不在，則是天主「靈」的本質的體現，因為物質世界根本沒有無處不在的東西（我已聽到有人產生疑問：那麼「靈」的定義又是甚麼？但對這個問題，我想還是留待讀者自己思索好了）；第五個條件所謂「永恆」，其實是指「神」是「超越時間」的（姑勿論那是甚麼意思）；最後一條謂神是「至善」的，意即神是一切道德的根源，脫離了神就根本沒有善惡可言，而人生也將失去了所有意義。

　　關於這八項屬性，詳細的解說可能人各不同，甚至眾說紛紜，對此我不欲逐一討論，只是選了其中數點，以最基本的觀念加以分析。

自圓其說的論述

・奇妙造物之起源

就先看（一）「神是萬物的創造者」，這個觀念本是最基本的，但解釋仍非簡單，當我向一位基督徒問及「神」的屬性時，他第一個提出的是「神是存在的根由」（God is ground of being），其意謂一切事物之存在，皆是「神的結果」，沒有「神」就沒有所謂存在。

說得通俗點，就是當我們看到這個生生不息的宇宙如何壯麗、如何神奇、如何偉大和奧妙時，我們不期然地必會產生「這一切一切從何而來？」這個大疑問。而「大自然就是天主存在的見證。」此一論調遂由此而生，但事實究竟是怎樣呢？

現在讓我們細心分析一下：我們觀察到大自然中很多複雜的現象，由於當時的知識水平所限，往往不能用以前的經驗及從實踐中掌握得到的知識來加以解釋，但人是天生好奇而且傾向於理性的動物，理性告訴他們，自然界的大部分現象是因果相連的，自然界的普遍客觀規律，也就是因與果的規律，一隻雞沒有了蛋不會孵出來，一塊石頭也不會無緣無故的自動滾下山去，每件事都一定有它的解釋，有它的因，但一件事的因卻總也有其自身的因，由是因果互連，因外有因，究竟有沒有止境呢？我們用 B 來解釋 A，又用 C 解釋 B，D 解釋 C，E 解釋 D，但究竟這個過程有沒有一個完結？宇宙的一切有沒有一個最終的「解」呢？我們能否找出這奇妙造物最終存在的理由呢？

蛋與雞，
無限 loop！

這確是一個發人深省的問題，歷來的哲學家對此都有不同的見解，但總結來說，答案大約有二。

一是認為認識是無止境的，知識是無盡的，因果循環的沒有終結，正是這個宇宙的基本屬性，最終的「解」是不可能達到的，而且也不存在。這觀點承認了解釋的無限性質。

但人類往往對「無限」這個虛無縹緲的概念感到難以接受，在感情上我們不能體會無限，正如布魯諾 (Giordano Bruno)《論無限》一文的對話錄中，勃基奧說：「這樣的無限我的頭腦理解不了，我的腸胃也忍受不了。」於是一些人則提出另一種論調，他們認為看似無盡的解釋實在是有終結的，宇宙應該有一個最終的真理，萬物最後應有一個解釋，這個解釋是一切因果關係的總泉源，是「第一因」。

‧「第一因」之說

好了，有了「第一因」，似乎樣樣事都好說多了！「第一因」產生宇宙，「第一因」解釋一切；於是又有人說，這個所謂「第一因」也就是「神」，因為只有「神」這般偉大才能派生一切，「神」是造物主，是萬物的源頭，故大自然的存在也就已證明了「神」的存在。但真的嗎？讓我們來看看這究竟是甚麼一回事。

「第一因」是我們研究因果問題時所提出的一個答案中所引申出來的假設，這個假設是先驗的，是沒有事實根據的，其真實性根本無從確立，它可能是真，也可能是假，而就算我們承認它是真的，那它也只不過是一個自然界的客觀事實，根本與宗教扯不上甚麼關係，若我們喜歡叫這個「第一因」做「神」，這當然無可厚非，但這樣的一個「神」，充其量也不過是「第一因」的代名詞，是我們對客觀世界認識的一個延展，與現時形式宗教所信仰的「人格神」相去不啻十萬八千里，可是偏偏有些人卻以此為自己先驗所下的價值判斷服務，在不知不覺中進行了偷換概念的伎倆，偷偷的（誠然，也可能是無意識的）把「人格神」這個概念竊據進來，不但把「第一因」神聖化，而

且還為其加上許多毫無根據的屬性，披上了一層神秘的外衣，於是便得出了「大自然是神的見證」這個結論。

但事實上，「第一因」也好，「人格神」也好，是否就一勞永逸地解決了因果循環這個問題呢？宇宙是怎樣來的？有些人答：「是神創造的。」但神又是怎樣產生的呢？他們答：「神是自有的！」於是我們追問：那末是否表示「神」可以自己存在，不需要依靠任何其他東西所衍生的呢？答案當然又是肯定的，因為這是唯一可能的解釋。

然而，這樣我們卻被弄得糊塗了：「神」既可自有，即是說這個宇宙裡至少有一樣東西可以是無因之果，那麼為甚麼宇宙本身不可以自有呢？若此則我們還要「神」來幹甚麼！由是看來，引進「神」這個概念來解釋這個宇宙的存在，實際上是把問題不必要地複雜化了。

接受「神造萬物」這個概念，我們必須首先毫無根據地同時假定：（一）宇宙不可能自有；（二）神可以自有。看來我們倒不如只假設「宇宙可以自有」來得乾脆俐落。

對這個問題的兩項補充就是：

（一）天主教、基督教承認神是全能、全知，是無窮偉大、無窮奧妙的，祂的能力既是無限，所創造的宇宙也該是無限的了，對一個無限的宇宙，我們的認識也自應是無窮盡的，而宇宙也不該有最終的「解」，那末當我們最初考慮因果循環這個問題時，就應選擇第一個承認解釋是無止境的答案，若此則以後的問題根本不成立，而大自然自也不可能成為「神」的見證。

（二）以上兩個答案（無限和有限）根本未有包括所有可能性，因為問題源於我們對事物根深蒂固的因果觀念，但這觀念的有效性是否「放諸四海而皆準，施於後世而無朝夕」，正是現代科學研究中所生的大疑問。經典力學中的「機械唯物決定論」，已被新的「波動力學」的隨機思想所代替，「或然推理」與「統計預測」成為現代科學的基石，而海森堡的「不確定原理」更證明了宇宙（至少在微觀尺度上）的不確定性，基本粒子世界裡因果律的受到違反已是一個長久爭論的題目（原子的放射性衰變便可看成是無因之果）。按照量子力學的分析，對一粒電子而言，時間（亦即因果次序的基礎）可以倒流！換句話說，我們關於因果無限這個問題的窘境可能根本不存在。

結論是甚麼呢？也就是：宇宙存在的理由及「第一因」等概念，並不足以構成任何充分的證據，以支持「神的存在」這一立論；其雖也不能證明「神」的不存在，卻也揭示了「神乃萬物的創造者」這個基本立論缺乏根據。

「全能」、「全知」與「至善」的矛盾

・「全能」說

細看上述的其他「神」的屬性，我們會發覺這些概念有很多根本是自相矛盾的。就拿「全能」這個屬性來說，世界上真有「全能」這回事嗎？我們說天主無所不能、法力無邊，但試想想這個問題：「神」能否造一塊一噸重的石頭呢？我們既承認「神」是萬能，那祂當然能夠做得到；我們再問：若祂能造一塊一噸重的石頭，那祂當然也能夠造一塊兩噸重、三噸重或甚至更重的石頭了？答案當然又是肯定的。於是我們問：「神能否造一塊石頭重得連祂自己也搬不動呢？」對這種問題，我們無論答「能夠」或「不能夠」，皆已推翻了我們自己最先的立論，這種陷入自相矛盾的情形，正是假設有效性的試金石，而我們的結論是：「全能」這個概念是自相矛盾、不合邏輯的。

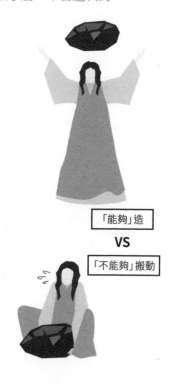

> 神能否造一塊石頭
> 重得連祂自己也搬不動呢？

「能夠」造

VS

「不能夠」搬動

另一個類似的問題是：「神」既是全能，那麼祂能否終止自己的存在呢？但是由於永恆和無處不在是「神」之所以為「神」的必要條件，我們遂又陷入了互相矛盾的泥坑裡。

事實卻是，絕少有教徒被問著這些問題時，會客觀地接受其應有的結論，他們總是仍舊堅持「神是全能」這個觀點，至於對這個觀念的非難，他們不外乎有下列數種反應：

(1) 支吾其詞，避而不答——對此我們當然無話可說。

(2) 說這些都是「詭辯」或是邏輯上的花巧而已。可是提出這種
說法的人，卻往往不能明確地指出這些問題的「詭辯」性質；
其實用矛盾律來試驗命題的可靠性，是邏輯上一個十分有力
的方法，試舉一個最簡單的例子：在數學上，我們對無限所
下的定義是：若設 M 是代表無限的一個實數，則在實數中
找任何一個數字 A，都會得出「A 小於 M」這個等式。但依這
個定義，我們將得出「M 小於 M」這個自相矛盾等式，由是
我們得出一個結論，就是：我們最初設 M 是一個實數是不
對的，M 並不是一個實數，即「無限」這個概念是不能用數
字來代表的。其他以矛盾律來證明或反證的數學及科學命題
實在不勝枚舉。

無限的定義

▲我們會得出「A 小於 M」這個等式。

▲「M 小於 M」？

(3) 直截否認這等問題的有效性，原因是「神的全能是超乎我們
的理解的」，或「神是無窮偉大和奧妙的，以我們卑微的身
分，又怎能用人類腦子裡的理性和邏輯去解釋『神』的奧妙
呢？」又或是說：「你們太注重理性了，其實宗教的重點全
在於一個『信』字，知性不能夠解釋一切，信德才是達到最
終真理的唯一途徑。」說來說去，也不過是在宣揚非理性，
貶低人類理性認識在尋求真理中的價值，認為應由先驗的、
主觀的信德去支配理性，而不是通過理性而建立起信念，他
們用「這是超越人類理解範圍以外」一句話便把甚麼也推得
一乾二淨，這種訴諸無知的觀點，從認識論來說屬於敗北主

義,而毫無根據的武斷謂有「超乎理性以外」的客觀真理存在,則又陷入了神祕主義及蒙昧主義了。

再細看我們開始時那個「造石頭」的問題,我們發覺這其實是「不相容概念」的問題,正如韓非子的「以子之矛,攻子之盾」,世界上若真有甚麼也能戳破的矛,就不可能有甚麼也戳不穿的盾。難題的產生,在於我們最先立論的錯誤,因為在真實世界裡,上述那兩樣理想化的事物都不可能存在,我們在思維中把某些概念理想化並推至極端,終於在邏輯上掉下了自相矛盾的陷阱,「全能」這個概念之所以謬誤,也正是基於同樣的原因。

而「全知」和「至善」這兩個概,也是充滿著矛盾的。

·「全知」說

現在我們只舉一、兩個例子來看看。第一是「自由意志」這個問題。有神論者大部分皆認為人有自由意志,因為這是道德與責任的基礎,也正是人類會墮落、會沉淪的原因。然而神既是「全知」,祂當然事先便已知道人類會墮落,那麼為甚麼還給予人有自由意志呢?

其實只要我們想深一層,便會發覺「全知」與「自由意志」這兩回事,實際上是水火不相容的,所謂「自由」,是指我們對任何事物都有採取多種不同的決定與行徑的選擇餘地,而這些選擇,決不是只受配於自然界的物理定律,也不是選擇者以外任何人(有時甚至是選擇者自己)可以事先估計得到的。其實「自由抉擇」的基本特性,就是

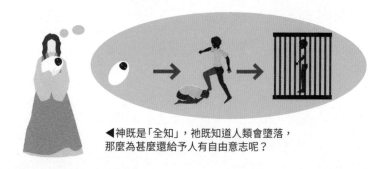

◀神既是「全知」,祂既知道人類會墮落,
那麼為甚麼還給予人有自由意志呢?

在於無規律性和不可預知的本質，試想想，若有人能夠預知我的一切行動，那我這些行動還能算是絕對出於自由意志嗎？

神若真是全知，則我由生至死，其間每一刻每一最細微的行為、思想，祂都早已知得一清二楚，那我還有甚麼屬於我自己的行為和思想呢？我雖未做一件事，或甚至未想到會做這件事，神則早已知道我將會去做（或不去做），而且預知這件事的一切後果，那我雖說是自由，但實質上我的所有行動及其後果卻是早已注定了（除非神「估計錯誤」，那即證明祂不是全知）。我就是有甚麼「自由抉擇」也是徒然的！

試想想，我的兒子雖未出世，但他將來長大後會選擇甚麼職業、喜歡甚麼顏色，又或是他在學校第一次測驗的績分、他於十八歲生日那天早上說的第一句話，這一切，都早已為神所知曉，那還談甚麼自由意志呢！可見「全知」（即對過去未來無所不知）實是與「自由意志」互相對立，是最徹底的定命論，最極端的宿命思想！

・「至善」說

神既是「至善」，那麼人世間為甚麼又會有這麼多痛苦呢？有人謂世上的痛苦是魔鬼製造出來的，但既然神又是「全能」的，又豈會讓魔鬼到處橫行而束手無策呢？

於是又有人說：「人的痛苦是由於人類自甘墮落而生的。」但我們剛剛看過，墮落由於自由意志，然而神的「全知」卻已抹殺了自由意志存在的可能性……看來我們是愈說愈糊塗了。

於是又有另一種說法，謂人類的痛苦是神對人在世上的一種考驗，這些考驗一方面增強人對神的信德，另一方面則為人死後受神或賞或罰的依據。這種一廂情願的說法，實在是不堪細察的。一次飛機失事數百乘客全部罹難，　次颱風吹襲死傷數千人，幾日間的洪水奪去了數萬人的無辜性命，而更多人因饑饉與疾病在痛苦中死去，這些難道都是為了考驗信德嗎？一個「全能」的上主竟能看著千

萬人死於非命，看著無數的人日夜受病痛煎熬而袖手旁觀，難道這就是「至善」？

讓我們看看以下一個例子———一對十分虔誠的教徒夫婦生了一個兒子，但這嬰兒一出世便患了不治之症，經過了數月的掙扎，終於在痛苦中死去。現在我們要問：神既是「全知」，即那對夫婦就是未結婚，或甚至二人還未出生，神便已知會有此事發生，而這一慘劇帶來了多方面無比的痛苦，一對虔誠的夫婦，一條純潔無知的小生命，受害者都是無辜的，神既是「全能」，為甚麼不阻止此事發生呢？我們無以為答，只好說這是神對這對夫婦的考驗，目的是看看他們的信德夠不夠堅強、會不會動搖。

那麼我們必須問：（一）以這樣殘酷的手段來作測驗，是否有此必要？犧牲了一條無辜的生命來考驗本已十分堅強的信德，這樣的一個「神」也配叫做「至善」嗎？（二）考驗的本質在於我們不知道或不清楚其結果如何，但神是「全知」的，那末祂當然一早便已知道這個考驗的結果（即信德是增強了、還是動搖了），既一早便知後果，那麼所謂考驗還有甚麼意義呢？

世界上不公平的事實在太多了，有些人一生下來便終生不愁吃不愁穿，另一些人卻受盡折磨；有些人良善正直，卻終枉死；另一些人窮兇極惡，喪盡天良，卻是一直逍遙法外，最後還盡享天年，哀榮以終。

「全能」的上主為甚麼不揚善抑惡，消滅世上所有壞人呢？有謂上主特意讓人們在世上任意妄為，好待他們死後審判時，依其在世上的德行賞罰，好人升天享福，壞人則打入地獄，永遠受著無邊的痛苦。但上主既是「全能」，那麼祂為甚麼不一開始便使所有人皆慈愛為懷，個個死後升天享福，而偏要壞人得逞，至死後才使他們受苦呢？我們若真要解說，惟有認為上主是具有一種不健全的虐待心理而已！

　　再說神既是「至善」的，而祂又是萬物的泉源，那麼世界上為甚麼又會有「罪」呢？天主教、基督教皆講「原罪」，「罪」這個觀念究竟是從何而來的？就算我們承認了人有自由意志，而「罪」這觀念是從人心中而來，但神既是「全知」，也就是說祂早已知道人類所產生的罪惡思念，甚至乎早於人類的墮落，更甚至早於人類的被創造！換句話說，罪惡的意念在人類之前便早已存在。歸根究底，最醜惡的念頭如殘忍、陰險、狡詐、淫邪、貪婪、驕奢等最先存在於哪裡呢？答案是：存在於神的意念之中！

　　回顧上述簡單的討論，便已足夠使我們認識到：神這一概念本身是如何充滿矛盾。這裡只描述了其中的一小部分，還有其他很多方面，讀者可以自己細加分析。這種種矛盾並非一些語言上的掩飾或高度技巧的理性化（或非理性化）可以抹殺。除非我們又訴諸無知，說這「不是人類所能了解的」，否則，「神」這個千瘡百孔的含糊觀念，也很應該壽終正寢了。

為甚麼神不一開始就創造一個人人喜樂完美的世界呢？

人工智能大辯論

　　早在三十多年前，我在一本名為《超人的孤寂》的科幻專論之中，談到「人工智能」(artificial intelligence，簡稱 AI) 的研究如何從被嘲笑轉為被重視。我當時是這樣寫的：「科幻小說中的智能電腦和機械人被電腦界嘲笑了數十年，今天終於得以吐氣揚眉，好教世人知道誰是誰非。」然而，我接著寫到：「有關這方面的爭論在很長的一段時間裡仍不會停息……」

「中文字房實驗」

我當時不知道的是，就在我撰寫上述文字的時候（一九八六年），一場新的有關人工智能的激烈爭論，已經在西方學術界展開了。事實是，無論自有科幻小說（十九世紀末）以來、還是自有電腦（一九四六年）以來，有關機器思維的爭論——也就是「擁 AI」和「反 AI」的爭論——便沒有停息過。例如在六、七十年代，便有英國哲學家魯卡斯（J. R. Lucas）基於數理邏輯（特別是戈得爾 Kurt Gödel 的不完備定理）以及美國哲學家德雷弗斯（Hubert Dreyfus）基於現象學的觀點對人工智能作出種種非難。

令這一爭論在八、九十年代重新熱烈起來的，是一篇發表於一九八〇年的文章《心靈、大腦與程序》（*Minds, Brains, and Programs*）。在這篇文章裡，美國加州柏克萊大學的哲學家西爾（John R. Searle）首次提出了他那著名的「中文字房實驗」（Chinese room experiment）。有趣的一點是，這個實驗雖然從來沒有付諸實踐，但它所引起的爭論，卻比不少真正進行過的實驗還要多。

究竟甚麼是「中文字房實驗」呢？原來這是一個毋須付諸實踐、而只需在理念上進行的實驗，就好像愛因斯坦在創立相對論時所提出的種種「擬想實驗」一樣。

在這個實驗中，西爾設想一間裝滿了中文字卡的房間，房中還有一本由英文寫成的手冊和一個只懂英文而完全不懂中文的人。現在假設房外有人不斷以字卡的形式把一些中文寫成的問題透過一道窄縫送入房中，房中的人則按照輸入的字卡和手冊指示，把一些對應的字卡順序從窄縫擲回房外。重要的是，手冊中的指示從來沒有解釋任何一個中文字的意義，指示的形式永遠只是「如果收到某某編號的字卡，則交回某某編號的字卡」或是「若收到某一組字卡，則交回另一組字卡」等。

假設房外輸入的問題是一些有關唐詩的賞析或儒家哲學的討論，而由房中輸出的，則是相應這些問題的精闢答案，那麼房外的人必會認為房內的人不單通曉中文，而且對中國文化有深厚認識。可是房內的人不要說中國文化，就是連一個中文字也不認識！

西爾要指出的是，中文字房便有如電腦，房中的手冊則是電腦程式。我們今天自然無法想像可以寫出一套這樣複雜的程序，正如我們無法想像可以有一本這麼神奇的手冊以至令房中的人不致露出馬腳。但西爾的論點是，即使我們有一天終於能夠寫出這樣一套電腦程序，那是否表示電腦已經真正擁有思維呢？當然不是！正如中文字房裡的人始終不懂中文，電腦也只是按照程序工作，而沒有任何真正的理解。也就是說，電腦永遠只會有「語法」（syntax）而沒有「語義」（semantics）。西爾更進一步強調，就是更多更精細的語法，也無法產生半丁點兒語義，而這正是機器和人類的分別所在。

一九八〇年的這篇論文，最先發表於專業學術期刊，因此未有引起廣泛注意。不久，西爾應劍橋大學邀請主講著名的「雷夫講座」（Reith Lectures），其中一講正以中文字房實驗為題。演講其後結集成書，名為《心靈、大腦與科學》（*Minds, Brains, and Science*）。透過這本小書，他的論點才開始引起學界的注意。

在八十年代後期，西爾的非難成為了 AI 爭論的焦點，這與電腦發展的歷史也許不無關係。日本於一九八二年進行「第五代」電腦計劃，於當時而言，真正智能型電腦的來臨似乎仍未有期，而機械人則仍只是工廠中高度專門化的機器，所謂機械傭人或機械保母仍只存在於科幻電影之中。似乎我們最初對 AI 發展的期望太樂觀了。人類對外部世界的認知能力和對事物的學習能力，遠比我們最初想像的複雜。在這樣一種氣候下，「反 AI」的論調重新抬頭，有關的爭論也再次激烈起來。

AI 擁躉站起來

當然，早在一九八一年，對中文字房理論的反駁已經出現了。「擁 AI」的主將霍夫斯塔特（Douglas R. Hofstadter）繼震撼學術界的奇書《戈德爾、埃舍爾、巴哈：一條永恆的金帶》（*Gödel, Escher, Bach : An Eternal Golden Braid*）之後，與哲學家鄧納（Daniel C. Dennett）合作，出版了可作為前書續篇的選集《心靈的我》（*The Mind's I*），集中收錄了西爾首篇中文字房文章，也刊登了霍氏的反駁文章。

◀《戈德爾、埃舍爾、巴哈：一條永恆的金帶》（*Gödel, Escher, Bach : An Eternal Golden Braid*）霍夫斯塔特（Douglas R. Hofstadter）著

◀《心靈的我》（*The Mind's I*）霍夫斯塔特、鄧納（Douglas R. Hofstadter）（Daniel C. Dennett）著

霍氏和其他「擁 AI」學者對西爾的反駁，大致可稱為「系統觀」或「層次觀」的理論。他們主要的論點是：所謂「語法」和「語義」的劃分，只是一個層次的問題。在一個較低的操作層次來看，我們可能的確只是看到「語法」；但從包括整個「字房系統」的高層次來看，我們必然無可避免地要涉及「語義」。

到了九十年代，著名的通俗科學雜誌《科學的美國人》以卷首位置同時刊登了兩篇針鋒相對的文章，即西爾的《大腦思維是電腦程序嗎？》(Is the Brain's Mind a Computer Program?) 和「擁 AI」的丘卓倫夫婦 (Paul and Patricia Churchland) 的《機器能思想嗎？》(Could a Machine Think?)。這兩篇文章大體上仍集中於上述「語法」、「語義」之爭，它們可以說是對「西爾論題」爭論的一趟總結。

AI 有沒有「自我意識」與「自由意志」？

在提出「中文字房實驗」時，西爾的文章還有一個中心思想：無論我們把電腦程序寫得如何複雜，它也無法出現人腦（即真正的心靈）所擁有的一項特質——「意向性」(intentionality)。他在文章的結尾寫道：「無論大腦如何產生意向性，這種過程必不等同於一項電腦程序。因為單靠電腦程序本身，絕不足以產生意向性。」

西爾這兒所用的「意向性」一詞，顯然是整場 AI 爭論的核心。不過我們常用的字眼，則是「自我意識」(self-consciousness) 和「自由意志」(free will)。歸根結底，有關 AI 的最大爭論是：我們終有一天可以造出一副擁有自我意識和自由意志的機器嗎？

在這裡要澄清的一點是，AI 研究有所謂「弱 AI 命題」和「強 AI 命題」之分。前者追求的，是以機器人來模擬人類部分「智能」活動，包括數學演算、邏輯推理、下棋、自動導航、甚至包括醫學診斷、經濟分析以及與人作模擬式的簡短交談等等。直至今天，最先進的工業機械人或「專家系統」，都不過是弱 AI 範疇的產物。這些產物對科技和經濟發展的推動固然極其重要，但並非我們一直談及的「AI 爭論」的對象。有關 AI 的重大爭論，針對的是「強 AI 命題」。這一命題認為，人類終有一天能夠造出一副不但在「認知」和「思維」能力方面皆與人完全無異（如果不是更優勝），而且更「知道」自己存在的機器。

「圖靈試驗」與「自覺的心」

其實早在一九五〇年（即電腦面世後數年），英國數學家艾倫·圖靈 (Alan M. Turing) 便發表了一篇名為《計算機器與智能》 (*Computing Machinery and Intelligence*) 的經典文章，揭開了有關對「強 AI」命題爭論的序幕。雖然當時的電腦與今天的不可同日而語，但科學家和哲學家對「電腦能否思維？」這一問題已是爭論不休。圖靈有感在進行這項爭辯的時候，大家對思維的定義往往各不相同，於是執筆寫了這篇文章，提出了著名的「圖靈試驗」(Turing test)，作為判定機器是否擁有思維能力的標準。

甚麼是「圖靈試驗」？與「中文字房實驗」一樣，這也是一個「擬想實驗」。假設房間裡有一個人和一台電腦，房外的人可以通過打字機或螢幕顯示分別與房中兩者交談。圖靈的論點是，如果我們透過如何刁鑽的問題也無法識別房中何者是人、何者是電腦，那末便不得不承認，房中的電腦已經具有與人類一樣的思維能力。也就是說，它「懂」得思維。這便有如我們和別人相處時，總是通過不斷的交流和觀察，來判定對方是否擁有思維能力一樣。

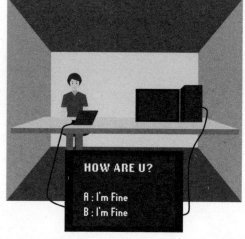

圖林試驗

HOW ARE U?

A : I'm Fine

B : I'm Fine

◀如果我們透過如何刁鑽的問題，也無法識別房中何者是人、何者是電腦，那我們得承認，房中的電腦擁有與人類一樣的思維能力。

圖靈試驗為「思維」確立了一個運作性的定義。自此，「強 AI」的擁護者有了一個明確的目標，那便是要製造出一副能夠通過「圖林試驗」的機器。顯然，西爾在一九八〇年的「中文字房實驗」其實是對三十年前這篇經典之作的抗議。西氏認為，無論一副機器表面看來如何聰明，它仍只是一副機器（或只是一項程序）而不可能擁有真正的理解，更遑論真正的思想、感情和意志。簡言之，西爾強迫「強 AI 命題」的擁護者面對這個問題：姑勿論某副機器能否真的通過「圖靈試驗」，你們是否真的認為機器能夠擁有思想、感情、亦即擁有自我意識呢？

　　大部分的「強 AI」擁護者對上述問題的答案其實是肯定的，只是他們一向不願意宣揚這觀點。為甚麼呢？因為這牽涉到一個形而上學的問題，很容易給人扣上「不科學」的帽子。因為「自我意識」這回事按其本質是永遠無法確立的。我固然知道我自己存在，亦即我有自我意識。但假如一副電腦向我們宣稱：「我知道我自己存在！」我們有甚麼辦法去判定這一說話為真，而並非一些極其巧妙的程序所產生的結果呢？

　　誠然，一個個體是否擁有「自覺的心」（a self-conscious mind）可能是永遠無法確知的事情，但這正是整個問題的關鍵所在。如果迴避了這個問題，則所有關於 AI 的爭論就失去了意義。事實上，既然我們承認其他人有「自覺心靈」（唯我論者除外），那麼自然也不應懼怕談論機器是否可以有自覺心靈。畢竟，這才是我們心底裡最關注的一點。（從哲學的角度，也從電腦可能起來造反的角度……）

皇帝的新心靈

像時間起源一樣，「自我意識」可說是宇宙間一個深不可測的謎。千百年來，不少哲人智者都為解開這個謎而費盡思量。在哲學探求中，這便是著名的「心、物問題」，以及「自由意志與決定論」這兩大課題，同時亦牽涉到本體論中「唯物」與「唯心」的古老爭論。究竟現代科學的進步，對上述這些問題帶來了甚麼新的啟示呢？而這些啟示對「強 AI」的追求又是好消息抑或壞消息呢？彭羅斯 (Roger Penrose) 在他的著作《皇帝的新心靈》(*The Emperor's New Mind: Concerning Computers, Minds and the Laws of Physics*，1989) 便企圖回答這些問題。

現任牛津大學數學講座教授的彭羅斯 (Roger Penrose)，是當代著名的數學家兼物理學家。七十年代，在研究黑洞時空結構的問題上，他曾經提出著名的「彭羅斯圖」(Penrose diagrams) 這一分析工具。一九八八年，由於他在科學研究上的貢獻，曾與著名的物理學家霍金 (Stephen Hawking) 共同獲得「沃爾夫獎」(Wolf Prize)。

▲《皇帝的新心靈》(*The Emperor's New Mind: Concerning Computers, Minds and the Laws of Physics*)，彭羅斯 (Roger Penrose) 著

厚達四百五十頁的《皇帝的新心靈》是彭氏第一本科普著作。在書的前半部，他花了大量篇幅探討這樣一個問題：對真理 (即使只局限於邏輯和數學上) 的追尋，是否可以用程式化步驟 (algorithmic procedures) 體現？引申下來，人的思維是否可以還原為不同的程式 (algorithms)，而最終歸結為電腦程序的運作呢？

與哲學家西爾一樣，數學家彭羅斯對上述問題的答案至終也是否定的。但較諸「中文

字房實驗」的雄辯式非難，他對問題的分析深刻和全面得多了，其間涉及圖靈機 (Turing machine) 的「休止問題」、曼德布洛集 (Mandelbrot set) 與非遞歸 (non-recursive) 數學、希爾伯特的公理化綱領 (David Hilbert's axiomization program of mathematics) 和戈德爾的不完備定理 (Gödel's Incompleteness Theorem)、可計算性 (computability) 和「複雜理論」的概念……其中最重要的，就是是否所有數學問題都可以「程式化」，即由一定和有限的程序來決定。以著名的曼德布洛集和其他古典問題 (例如「二次不定方程」 diophantine equation 的整數解) 為例，他說明這是不可能的。

思維和意識既無法還原為程式的運作，那是否表示它們超乎了科學研究的範疇呢？彭氏的答案即是肯定也是否定的：之所以肯定，是他認為整個現代科學架構中欠缺了極關鍵的一環，以至我們無法了解自我意識的本質；之所以否定，是他認為這一「缺環」並非甚麼神秘不可知的事物，而最終可以被科學破解。

彭氏進一步大膽假設，這「缺環」可能與現代物理學中的兩大困惑有密切關係，這便是量子力學中有關「波函數塌縮」(collapse of the wave function) 這一核心觀念所導致的種種有悖常識的後果，以及重力場還未能完全量子化而與自然界的其他基本作用力統一起來這一問題。

花了百分之八十篇幅探討上述問題後，彭氏提出了「一顆重力子判據」這項大膽假說。按照這判據，只要物質和能量分布所導致的時空曲率達到一顆重力子的水平，量子力學中的線性疊加原理便會失效，而在其處的波函數便會發生「塌縮」，「歸約」成「本徵態」(eigenstate)。根據他和 A. Ashtekar 的粗略估計，倘若這一判據成立的話，質量在 10^{-7} 克左右的粒子波函數都會「塌縮」，也就是說，粒子的運動規律會接近經典理論。

從這「一顆重力子判據」出發，彭氏希望可以通過廣義相對論影響和改造量子力學，特別是解決波函數塌縮所引致的困境，從而創

造出一套涵蓋量子力學和廣義相對論的嶄新物理學。這套新的物理學在目前自然仍是未知的領域，是一個夢想。但他認為，也許這正是打開自我意識之謎的鑰匙，也是判別人類思維與（無論如何複雜的）計算程式的分野的關鍵。

這的確是十分新鮮和富啟發性的一個觀點。它倘若成立，對強AI 的追尋究竟是好消息還是壞消息呢？

透過了一個寓言式的楔子和後記，彭羅斯清楚地表明，他這本書的結論是對強 AI 命題的否定。由於目前的人工智能研究之中，還未曾包括他所提出的「缺環」，因此研究的綱領，便好像「穿」在皇帝身上的「新衣」，是一種自欺欺人和永遠無法實現的夢想。這正是書名《皇帝的新心靈》的含義。

最後答案：人工智能與生物進化

從本文開始，大家也許已經看出，筆者其實是個「強 AI」的擁護者。多年來，筆者看過不少反 AI 的論調，卻始終未為所動。然而，彭氏這本著作和其他的論調不一樣，它的立論是有大量數學和物理佐證的。但這是否表示我已放棄原來的立場，接受「人工智能」只能是空中樓閣這一結論呢？

事實卻大大不然。因為彭羅斯所否定的強命題，只局限於「程式的執行可產生意識」這一特定形式，而筆者所信奉的，卻是「人類終有一天可製造出一副擁有自我意識的機器」。至於這一目標如何能達到，當然有待不斷深化的科學研究。例如近年興起的「連結主義」（connectionism），便將研究重點，從電腦程序設計轉移到「神經網絡結構」（neural nets）的演化和「自我學習機制」的模擬方面。從這個角度看，彭氏的觀點對人工智能的追求其實是好消息而不是壞消息。因為只要我們找到他所提出的「缺環」，便可以將「意識」的研究

放到一個堅實的科學基礎之上。這對創造「機器意識」來說，當然是奠基性的一大步。

究竟是甚麼令我深信人工智能終能實現呢？是生物進化這一科學事實。我們也許能夠頗為肯定地認為，病毒和細菌並不具有自我意識。可是青蛙呢？麻雀呢？獅子、猩猩或海豚呢？三個月大的嬰兒或嚴重弱智的人又怎麼樣？

事實上，無論是我和你如今具有的意識，或上述不同程度的「意識」，都同樣是生物進化的產物。我們今天高度發達的意識並不是自古便存在的。南非猿人、能人、直立人以及尼人等，都應該擁有不同程度的自我意識。

也就是說，意識只是物質組織複雜到某一程度後所產生的現象。顯然，這種現象還會隨著生物的繼續演化，而不斷產生新的內涵和特性。

生物進化已經有數十億年歷史，人工智能的發展則只有數十年，難道這一簡單的事實還不夠雄辯嗎？

▲生物進化已經有數十億年歷史，人工智能的發展則只有數十年。

附記：這篇文章寫於一九九一年，及後發表於中文大學出版的《二十一世紀》雙月刊的 1992 年 6 月號，雖然至今接近三十年，卻一點也未有過時。請自問，你是「強 AI」的信徒嗎？

第 三 部

從「論自然」到
「談真理」的
思辨探問

論自然之一

哲學家眼中沒有所謂的「理所當然」！

　　老子的《道德經》是中國人最推崇的典籍之一。從下圖的節錄句可知，在萬物的秩序當中，「自然」被老子賦予最崇高的地位。在眾多常用的詞彙裡，「自然」是一個十分奇妙的字眼，它可以是「名詞」，也可以是「形容詞」。在這篇文章裡，我們會集中考察作為「形容詞」的「自然」。至於作為「名詞」的「自然」，我們會於下一篇文章才探討。我們很快會看到，這些考察會令我們對很多習以為常的事情有嶄新的看法，甚至會令我們重新檢視一些我們最為珍視的核心價值。

老子《道德經》曰：
「**人法地、地法天、天法道、道法自然。**」

日常生活之所謂「自然」

好了，作為一個「形容詞」，究竟何謂「自然」（natural）呢？又或者說，何謂「有違自然」？筆者認為，我們至少可以從三個角度來進行分析：

(1) 「自然」與「正常」（normal）之間的關係；

(2) 「自然」與「理性」（rational）之間的關係；以及

(3) 「自然」與「合符情理」（reasonable）之間的關係。

但與其進行枯燥的理論分析，讓我們透過一些生動活潑的日常例子來說明一下：

1　「我喜歡自然的風景，多於宏偉的人為建設。」

2　「我最討厭濃妝艷抹，不施脂粉的自然美是最好的。」

3　「你這個姿勢太造作了，放鬆一點、自然一點吧！」

4　「你有沒有留意，自從那個女同學來了之後，他的舉止一直不太自然。」

5　「他聽到有人之出言侮辱他的父母，悖然大怒也是很自然的事吧！」

6　「他受了這麼大的打擊，一時間意志消沉也是很自然的。」

7　「『人望高處，水向低流』，那是自然不過的事情。」

8　「『弱肉強食、適者生存』，這是自然規律，談不上甚麼是非善惡之分。」

讓我們就此打住。即便這幾個例子我們已可看出，作為一個形容詞，「自然」帶有很強的正面、肯定、本該如此甚至無法改變的意思。

「自然」就是好？

再仔細的一點看，例 1 和例 2 所表達的，是無論涉及的是風景還是一個人的容貌，沒有經過人為改動的原貌是最好的（今天流行的一個形容詞是「原生態」）。但是否所有人都認同這個看法呢？

依筆者看來，雖然大部分人都大致認同這種看法，但很少人會認為這是絕對的。試想想，無論在繪畫還是藝術攝影中，天涯海角的一座燈塔，或是霧繞山巒中的一座寺廟（或堡壘），都可以帶來另一種美感甚至另一種境界。在容貌方面，濃妝艷抹在演出舞台劇時確有其需要，而即使在日常生活裡，淡素娥眉也可能勝於完全不施脂粉（特別在喜慶的日子）。

至於例 3 和例 4，強調的則是我們的行為舉止。在拍照的例子，放輕鬆地「自然而然」的姿勢是好的，刻意和造作是不好的；至於另一個例子，「好」與「不好」的含義沒有那麼強，「舉止不太自然」主要是一種客觀描述，但就包括著「有反常態」的意思。

這便把我們帶到「自然」隱含著的「常態」這層意義。行為舉止偏離常態謂之「不自然」。雖然這個形容詞往往帶有貶義，但在更高一個層次來看也不盡然，例如在現代舞蹈（甚至古代舞蹈）之中，我們會故意做出一些「不自然」的姿勢和動作（例如敦煌壁畫中的「背彈琵琶」）；而假設一個小伙子忽然看見他心儀已久的女孩在他面前出現，那麼他張嘴結舌，「舉止失常」也是「自然」不過的事情。

在例 5 和例 6 之中，「自然」又有另一層稍為不同的意思。「悻然大怒」和「意志消沉」之被形容為「自然」，實包含著「合情合理」甚至「無可避免」的意思，再進一步就是「情有可原」和「不應（過分）苛責」。

在最後的例 7 和例 8 之中，這種意思被進一步強化。「人望高處、水向低流」便有一種「天經地義」甚至超越對錯的含義。「弱肉強食、適者生存」一例更是說得清楚不過；既然是「自然規律」（即不能由人的意志所轉移），那麼它便「超越善惡」從而「超越道德」。

看！從「原貌」的「可欲性」，到「行為」的「合理性」，到「超越道德」……「自然」一詞的含義可真的不簡單。

不止不簡單，其間更是充滿著爭議。就以最後一個關於「弱肉強食」的例子看。我們用這個例子時，一般是形容自然界中「獅子撲兔」等境況。不錯，如果我們同情弱小，便會希望兔子能夠逃脫；但兔子每次都能逃生的話，則獅子會活活餓死，而我們只是將一種殘忍換成另一種殘忍罷了。

「獅子撲兔」只是自然界向我們提出的最基本挑戰。生物學的研究帶來了更多的挑戰——「雀巢鳩佔」有違自然嗎？俗稱黑寡婦的蜘蛛在交配後把雄性吃掉呢？某些螞蟻之間的戰爭和蓄養奴隸呢？

對於這些自然界中的現象，我們大多會超然地說：「這是『超越道德』的。」但這些超然的「弱肉強食」、「雀巢鳩佔」等是否也適用於人類的社會呢？如果不可，又為甚麼不可呢？這個疑問，可說是道德哲學中一項最大的課題。

具體地說，如果我們說「弱肉強食」是「自然規律」，那麼在人類世界裡，我們為何會批評「以強凌弱」的行為？如果「汰弱留強」是自然界的法則，我們以律法去保護弱小是否「有違自然」呢？老子不是教我們「道法自然」嗎？

這兒的弔詭是，在最初，「自然」好像是我們將事物合理化的「盟友」；及後，它卻成為了我們建立倫理道德規範時的「敵人」。

▼如果我們同情弱小，希望兔子能夠逃脫，則獅子便會活活餓死！我們只是將一種殘忍換成另一種殘忍罷了。

「自然」之不簡單與複雜性

筆者的論旨是，「自然」是一個具有重大參考價值的觀念，但它是一個不大可靠的盟友。另一方面，即使它「轉友為敵」，我們在建立道德規範時也可以（甚至必須）戰勝這個「敵人」。

今天，「自然」這個議題已經超越學術討論的層面，而具有重要的現實意義。例如我們對有機耕種和有機食物的追求、對自然分娩和母乳餵哺的執著、對「千人一面」的整容潮流的拒斥……背後都包含著「崇尚自然」的思想和價值。（這當然也不是甚麼新鮮的東西，本於老、莊的思想，魏晉時的「竹林七賢」便鄙夷虛偽的文明社會而鼓吹回歸自然。）

為了令我們更好地看清「自然」背後的複雜性，讓我們嘗試回答以下的問題：

- 穿衣服自然嗎？要知人類的祖先自七百萬年前跟黑猩猩的祖先分家以來，絕大部時候都是赤身露體的。
  （引申的問題包括：裸睡自然嗎？裸泳自然嗎？天體主義自然嗎？某些伊斯蘭國家只容許女性露出眼睛有違自然嗎？馬戲團表演時要動物穿衣服呢？）

- 熟食自然嗎？同樣地，在人類數百萬年的演化歷史裡，絕大部分時候都是茹毛飲血的。

- 素食自然嗎？人類食肉已有數百萬年的歷史呢。

- 烹飪時加入調味料有違自然嗎？加入由海帶提煉的「味之素」呢？加入完全由化學方法合成的味精又怎樣？

- 治病有違自然嗎？如果疾病是自然界「汰弱留強」從而令物種變得更強大的手段呢？（引申的問題：止痛藥〔包括嗎啡〕自然嗎？麻醉藥呢？）

117

- 將死去的人埋葬合乎自然嗎？火葬呢？西藏人的天葬呢？

- 活人祭祀有違自然嗎？殺牛宰羊的祭祀呢？

- 刻意將馬和驢交配，從而產生不育的騾有違自然嗎？

- 將自由自在的狼飼養成家犬，還要透過人工交配製造出這麼多不同的品種（如哈巴狗、臘腸狗、老虎狗、貴婦狗……）有違自然嗎？

從以上的例子可知，何謂「自然」，實在是絕不簡單的一個問題。讓我們再看看：

- 男性天天刮鬍子自然嗎？經常理髮自然嗎？（女性剃腳毛和去掉腋窩的毛合乎自然嗎？）

- 化妝自然嗎？年紀大了將白髮染色有違自然嗎？穿耳自然嗎？紋身自然嗎？（引申的問題是：男性濃妝自然嗎？小朋友和老人家呢？）

- 男性和女性的「割禮」自然嗎？長頸族和大唇族的習俗自然嗎？曾經在中國盛行的「纏足」呢？

- 整容自然嗎？隆胸自然嗎？「回春醫學」（如以往流行的輸入臍帶血、注射羊胎素、現在流行的注射肉毒桿菌等）自然嗎？

- 把全身的肌肉練到賁起的健美比賽是有違自然的嗎？

- 運動員吃藥以提升表現有違自然嗎？吃蜂皇漿、雞精、燕窩、人參等又怎樣呢？

- 追求「長生不死」有違自然嗎？

以上每一條問題幾乎都可以寫成一篇論文，但在此我們只是注重它們的啟發作用。與「自然」觀念密切相關的還有兩性關係和性行為的問題：

- 「男尊女卑」合乎自然嗎？那麼男女平等呢？

- 「男子氣概」和「女性嫵媚」合乎自然嗎？抑或這些都只不過是「男權社會」中的文化定型？

- 「一夫一妻制」合乎自然嗎？「一夫多妻」和「一妻多夫」呢？或說：一生只有一個性伴侶合乎自然嗎？

- 一個人同時愛上多於一個人（指男女之愛）有違自然嗎？

- 妒忌自然嗎？（「手刃奸夫淫婦」呢？把子女殺掉然後自殺呢？要求離婚呢？）

- 年齡相差很大的忘年戀有違自然嗎？

- 婚前性行為有違自然嗎？

- 婚外性行為（偷情、召妓）有違自然嗎？

- 集體性愛自然嗎？

- 「傳教士體位」（正常體位）以外的性交姿勢都不符合自然嗎？

- 口交有違自然嗎？肛交有違自然嗎？

- 同性戀有違自然嗎？男同性戀涉及的肛交呢？

- 亂倫有違自然嗎？

- 人獸交有違自然嗎？

人的繁衍不用說亦與「自然」觀念密切相關：

- 獨身主義有違自然嗎？

- 結婚但選擇不要子女有違自然嗎？

- 避孕有違自然嗎？

- 墮胎有違自然嗎？

- 女性過了更年期後還有性行為有違自然嗎？

- 人工授孕有違自然嗎？

- 人工（剖腹）分娩有違自然嗎？

- 僱用「奶媽」有違自然嗎？

- 僱用「代母」產子有違自然嗎？

- 用其他動物的乳汁來餵哺嬰兒有違自然嗎？

- 以「無性複製技術」（cloning）令已經滅絕的生物（如恐龍、或犀牛）「復活」有違自然嗎？

- 將「無性複製技術」應用到人類身上有違自然嗎？（如複製一個已死去的子女）

◀以「無性複製技術」（cloning）令已經滅絕的恐龍「復活」有違自然嗎？

在宏觀一點的層面，我們也會問：

- 「上天有好生之德」？抑或「天地不仁，視萬物如芻狗」？何者才是「自然」的本質？

- 「勞心者治人，勞力者治於人」合乎自然嗎？

- 「貧者愈貧、富者愈富」是自然規律嗎？

- 墨子提倡的「兼愛」有違自然嗎？

- 孔子提出的「大同」有違自然嗎？

- 耶穌提出的「愛你的敵人」有違自然嗎？

- 馬克斯提出的「共產主義社會」有違自然嗎？

- 如果「求生」是「天職」，那麼「捨己求人」有違自然嗎？

至此大家應該十分清楚，以「合乎自然」或「有違自然」來作為道德考量時的理據是多麼複雜的一回事。

▶耶穌提出的「愛你的敵人」有違自然嗎？

哲學思想中的「自然」

在哲學討論中，英國哲學家休謨 (David Hume) 早於十八世紀便已明確指出，我們永遠不可能從世界中的「實然」(Is)，推導出道德上「應然」(Ought) 的結論。所有這樣的做法，他稱為「自然主義的謬誤」(Naturalistic Fallacy)。

在經典電影《非洲皇后號》(The African Queen) 之中，飾演女主角的嘉芙蓮·協賓 (Katherine Hepburn) 對飾演男主角艾律的堪富利保加 (Humphrey Bogart) 這樣說：「我們存在的意義，艾律先生，就是去超越我們的自然本性。」(Nature, Mr. Allnut, is what we are put in this world to rise above.)

這是較休謨再進一步的說法。女主角口中的「自然本性」，顯然隱含著「劣根性」的意思。但問題是，如果「合乎自然」與否不足以作為參考，那麼「優」和「劣」的標準是甚麼呢？

其實早於二千五百多年前，孔子的「克己服禮為仁」已經闡述了同一個觀點。「己」所指的就是一個人的原始欲望和衝動，也就是他的自然本性。而「克己」就是要超越這種本性。

問題是，既然要「服禮」，那麼「禮」該由誰人去定呢？它的標準又是甚麼？

「克己服禮為仁。」

——孔子

同樣，有「叢林哲學家」之稱的史懷哲 (Albert Schweitzer) 這樣解釋文明的本質：「文明的本質是兩重的，第一，它要用理性來控制自然；第二，它要用理性來駕馭人的行為。」（留意第一點所指的，是我們迄今未有探究的作為名詞的「自然」，而後者才是我們此刻所關心的。）

問題是，理性本質上只是一種手段，它無法告訴我們應該追求甚麼目標。也就是說，史懷哲只是解釋了問題的一半，而不是全部。

我認為更有啟發性的，是法蘭西斯・培根 (Francis Bacon) 的這一句話：「要征服自然，必先服從自然。」今天，「征服自然」這說法屬於「政治不正確」。史懷哲所用的「駕馭」一詞較易令人接受。但如果我們回到《非洲皇后號》中的「超越」 (rise above) 的話，更應沒有人會提出反對。

的確，要超越局限，我們必須深切了解局限的本質是甚麼。正因如此，我認為過去數十年的人類學和演化心理學 (evolutionary psychology) 的研究，對這個問題的理清作出了極大的貢獻。（大家閱讀至此，當然知道筆者對這個問題的探究，採取的主要是動態的科學分析，而非靜態的哲學分析。）

由於篇幅關係，我無法在此詳述「是非觀念的起源和演化」和「生物演化」之間的關係，而只會簡單地闡述我的結論。（有興趣了解箇中原理的朋友，可以參閱拙作《色・情男女全面睇》和《人類的處境》之中的理論部分，特別是有關「宜斯策略」的分析。）

詮釋「自然」的鐵則討論

那麼我的結論是甚麼？我的結論是，「自然」這個觀念既是「生物演化」的產物，也是「文化演化」的產物，其間既包含著「必然性」（如不吃糞便），也包含著不少「偶然性」（如不吃豬肉）。它在我們判斷某些行為屬於「可取」和「不可取」之時有重要的參考價值，但並不具有最終的指導意義。

那麼在進行「是非對錯」的判斷時，我們的最高指導原則應該是甚麼？其實孔子已經提供了很好的答案，那便是「己所不欲，勿施於人」。如果將「不欲仍施諸」定義為「傷害」，就是「不要傷害別人」這麼簡單。留意西方也有類似的「黃金律令」（Golden Rule）：「你想別人怎樣對待你，你便這樣對待別人吧。」（Do unto others what you would have them do unto you.）表面看來兩者十分相似，但不少論者指出，由於「一人的美食可能是別人的毒藥」，西方這種「己所欲施於人」的原則，仍然可以無意地傷害他人，所以還是孔子的較保守原則更為安全穩妥。

就筆者看來，在道德考量中，能夠挑戰「無傷害原則」(no-harm principle) 的，就只有「自由」和「集體福祉」這兩大原則（撇開一切宗教考慮而言）。例如我喜歡吸毒或進行高度危險的極端運動，如果你說我會因此受傷而阻止，則我會說你的阻止剝奪了我固有的自由，所以對我構成更大的傷害。在「集體福祉」方面，如果一個人的傷害可以換來集體的福祉，或更極端的說，一個人的「無傷害」可以為集體帶來極大的傷害，我們又該如何取捨呢？

筆者不會深入探討這些問題，否則這篇文章會變成一本厚厚的道德哲學論著。我想我的任務已經大致完成，就是指出是否「合乎自然」或「有違自然」會隨著社會的演化而改變，因此並非一個很好的道德指引。如果要排序的話，我會把它排在「無傷害原則」、「自由」和「集體福祉」之後。（排第四其實也不賴了。）

好了，看過了作為「形容詞」的「自然」之後，在下一篇文章，我們會看看作為「名詞」的「自然」又包含著甚麼弔詭之處。

在現代社會該如何判別「是非對錯」？

1. 無傷害原則
2. 自由
3. 集體福祉
4. 合乎自然
......

註：以上乃筆者之想法，讀者當然可有自己的思考判斷。

論自然之二

　　在上一篇，我們分析了作為「形容詞」的「自然」（natural）。如今，讓我們看看作為「名詞」的「自然」（又稱「大自然」或「自然界」；英文則稱為 Nature 或 Mother Nature），背後又包含著甚麼有趣的迷思。

《道德經》第五章：

「天地不仁，以萬物為芻狗；

聖人不仁，以百姓為芻狗。

天地之間，其猶橐籥乎？

虛而不屈，動而愈出。

多言數窮，不如守中。」

「自然世界」與「人類世界」

《道德經》中所說的「人法地、地法天、天法道、道法自然」，其間的「自然」一詞可以有兩個解釋，一個是「一切存在之事物」，這兒的「事物」包括了「人」、「天」、「地」和「道」，而「道」是「天、地、人」運行的規律。但顯然這不是老子的意思，因為如此一來，「人法地、地法天、天法道、道法自然」這個原則將陷於循環論證，因為「人」既是「自然」的一部分，那麼「人法自然」也就是從自己身上學習罷了。我相信大部分人都會同意，老子句子中的「自然」，乃是「一切存在的事物」減去了「人和一切人為的事物」的意思。也就是說，「自然世界」和「人類世界」是兩個不同的領域。

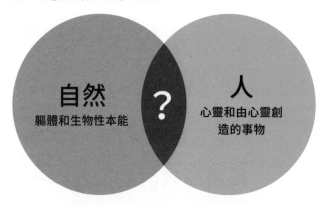

▲「自然世界」和「人類世界」是兩個不同的領域，也有重疊之處嗎？

當然，不同不等於沒有重疊之處。最常見的劃分，是人的「軀體和生物性本能」屬於自然界的一部分，但他的「心靈和由心靈創造的事物」（如詩歌、建築和道德觀念），則不屬於自然世界。這樣，詩歌、建築、道德觀念等應該「道法自然」便可言之成理。

這兒帶出了兩個問題，第一個是：「自然」（nature）不應是一個「母集」（mother set）而無所不包的嗎？為甚麼硬要將「人」從這個母集中剔除開來？第二個問題是，為甚麼要「道法自然」呢？既然「人」包含了「不是自然界的部分」，「道法自然」的理據何在？

　　第一個問題的答案可以很簡單，因為所有概念都是由人所定的，所以我們可以定義一個「無所不包」的「廣義自然」，也可以定義一個剔除了「人的心靈和由心靈的創造物」的「狹義自然」。你可以不同意這樣的劃分，但也很難阻止某些人作出這樣的劃分。（當然，難與易視乎你是否當權和獨裁，例如小說《1984》中的獨裁政府，便將很多關鍵概念重新定義。）

　　至於第二個問題則比較複雜。在上一篇文章裡，我們看過電影《非洲皇后號》中的對白：「我們存在的意義，就是去超越我們的自然本性。」（Nature is what we are put in this world to rise above.）如果我們認同這個說法，則「道法自然」便大有商榷之處。

　　我們在上一篇看過，人類文明的興起，正正因為很多行為偏離了「自然」，其中包括穿衣服、熟食、將死去的同伴埋葬等。如果真的「道法自然」，我們便應該繼續赤身露體、茹毛飲血、以及任由死去的同伴曝屍荒野。

　　這樣看來，「道法自然」是否說不過去？但弔詭地，我相信很多人（包括筆者）都會認為，老子的說法著實包含了深刻的智慧。要化解這個弔詭，筆者的看法是，「人的心靈和由心靈的創造物」即使被看成為「自然界」以外的東西（狹隘自然論），但這些「屬靈」的創造物，也不應過分違反人類「屬物」（屬於自然界）的部分，甚至應該盡量順應人的「自然部分」，然後人類才能更較易得來快樂。

　　不知大家認為這個看法是否說得通呢？當然，甚麼時候要「超越自然」、甚麼時候要「順應自然」，實在很難一概而論，而必須視乎具體情況才能作出個別的分析和判斷。按照上一篇的分析，判斷的標準必須包括「無傷害原則」、「自由」和「集體福祉」等因素。

　　從定義上，筆者其實是個「廣義自然論者」而不認同「狹義自然論」；也就是說，我認為人類百分百是自然界的一部分。從一個超然的角度看，文明（包括人類社會的律法和典章制度）也是自然界的一

部分,而人類的覺醒就是自然界的覺醒、人類的進步就是自然界的進步、甚至人類的墮落就是自然界的墮落⋯⋯

但在日常討論中,筆者也十分明白,將「人類世界」和「自然世界」區分開來也是自然不過(我不是刻意玩文字遊戲)的事情。只是我們必須知道,這種區分只是為了討論上的方便,而並無嚴謹的學理基礎。

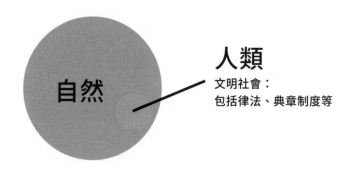

這便把我們帶到另一個更為有趣的題目:「自然世界」和「超自然世界」的區分。

「自然世界」VS「超自然世界」

有趣之處在於,世上熱愛自然科學的人雖然不少,但比起熱衷於「超自然現象」(supernatural phenomena)的人,數目上肯定瞠乎其後。如果有兩個電視頻道,同時播放一個關於「自然科學」的節目和一個關於「靈異現象」的節目,不用調查統計你也必會猜到,哪一個節目的收視率將會更高(而且是高出很多)。

著名科幻作家海萊因(Robert A. Heinlein)對此一語道破:「如果一些詭異現象被形容為科學所無法解釋,人們將會滿懷興趣窮追不捨。但一旦我們聲稱這些現象已被科學解釋了,人們將會覺得不是甚麼一回事而興趣索然⋯⋯。」

　　從某一個角度看這也屬人之常情。人總是對未知的東西好奇，如果這些東西被進一步形容為「神秘不可知」，那麼好奇心便會更大。因此即使同樣是科普節目，一個探討黑洞和外星人是否存在的電視節目，收視率也必會高於一個探討熱力學或珊瑚礁的節目。

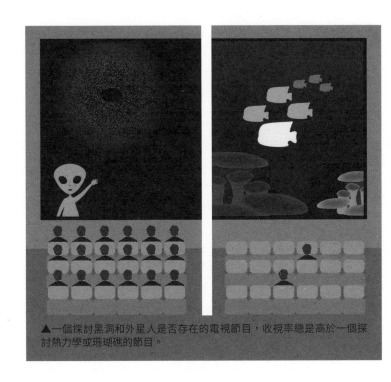

▲一個探討黑洞和外星人是否存在的電視節目，收視率總是高於一個探討熱力學或珊瑚礁的節目。

「如果一些詭異現象被形容為科學所無法解釋，人們將會滿懷興趣窮追不捨。但一旦我們聲稱這些現象已被科學解釋了，人們將會覺得不是甚麼一回事而興趣索然……」
——科幻作家海萊因

但這只是部分的原因,更深一層的解釋是,不少這些「靈異現象」都和「靈魂不滅」有關,而這是人類兩種最大的恐懼的「救命草」。甚麼恐懼?當然便是——自己的死亡,以及摯親的死亡。「靈魂不滅」可以一舉為這兩大恐懼帶來慰藉,誘惑之大是絕大部分人都無法抗拒的。

但在筆者看來,對超自然現象的興趣還有另一層的原因,這便是挑戰科學甚至揶揄科學所帶來的莫大樂趣。

為甚麼這樣說呢?這是因為科學的修養(知識加上視野)不是一朝一夕可以獲取的,其間必須花費大量的時間和精力,一步一步一層一層的建立起來,中間沒有捷徑可言。可是並非所有人都鍾情科學;也並非所有人(假設不是唸理科出身)都能夠花費如此龐大的精力(即使只是看科普書籍)使自己對科學熟稔。但與此同時,科學已經成為今天的「顯學」而主導了不少世界議題的討論,而科學的發明每天都在影響著我們的生活。結果,很多大致上「科盲」的人都有一種被疏離被冷落的無助感,他們既依賴科學又抗拒甚至厭惡科學。如果有人宣稱「原來有些事情是科學也不能解釋」的話,他們當然會樂不可孜欣然接受(說幸災樂禍可能有點誇張……)。

在一個更宏觀的層面,人類固然有其依賴性、服從性以及崇拜權威甚至畏懼權威的傾向,但與此同時,他往往也有一種叛逆的「反權威」和「反建制」傾向。然而,即使在號稱民主的社會裡,正面地反對政治上的權威還是會帶來一定的風險(或至少是心理上的不安),但反對「科學權威」則不然。既然「科學」在現代文明已經成為了「建制」的代名詞,批評科學自可帶來一定的「洩憤」效果。

好像筆者這般熱愛科學的人,對上述這些態度自是大不以為然。科學(主要是科技應用)被「大政府」和「大企業」濫用以操控我們固然是事實,而我們對這些濫用進行批判是應有之義,但這不應影響我們對科學探求的正確認識。在筆者看來,說「科學是人類物質文明的偉大成就」固然沒錯,但只是說對了一半,因為科學也是人類精神文

明的一項偉大成就。「從了解而成長」是我們每人必經的階段，人類作為一個族類何嘗是一樣？科學的探討不歇地加深我們對世界和我們自身的了解，是一股巨大的「人性化」力量而非「非人化」的力量。

七百萬個世界奇蹟

此外，科學知識所帶來的喜悅是沒有任何東西可以取代的。有人曾經說過，在孩子眼裡，世界奇蹟不是七個而是七百萬個，而所謂「科學家」，便是能夠保存這份童真的成年人。愛因斯坦這樣說：「我們可以有兩種生活方式，一種是覺得沒有一樣東西是奇蹟，另一種是覺得世上每一樣東西都是奇蹟。」（There are only two ways to live your life. One is as though nothing is a miracle. The other is as though everything is a miracle.）

「我們可以有兩種生活方式，一種是覺得沒有一樣東西是奇蹟，另一種是覺得世上每一樣東西都是奇蹟。」

——愛因斯坦

事實上，另一位科幻大師克拉克（Arthur C. Clarke）曾經精闢地說：「任何足夠先進的科技文明，將會與魔術無異。」（Any sufficiently advanced technological civilization is indistinguishable from magic.）

「任何足夠先進的科技文明，將會與魔術無異。」

——科幻大師克拉克

　　的確，過去數百年來，經科學揭露的自然奧秘和發展出的技術，比起不少童話中的魔法和妖術不知奇妙多少倍，但由於它們是「科學研究」的產物，人們大多不覺是甚麼一回事。它們包括：

- 我們覺得「穩如泰山」的大地，原來正以超高的速度在太空中飛馳；

▼我們在漫步的同時，地球彼端的人正在「頭下腳上」地漫步。

- 大地是球體這個事實，表示我們在漫步的同時，地球彼端的人正在「頭下腳上」（相對於我們而言）地漫步；

- 地球曾經經歷過多次冰河時期，而在冰河紀的高峰期（最近一次是 2 萬 2 千年前左右），今天的加拿大，整個英倫三島和大半個歐洲被壓在 2,000 至 3,000 米的冰層之下；

▲地球的磁極每隔廿多萬年便會出現**南、北磁極倒轉**的現象。

- 在地球的歷史中，我們以為固定不變的海平面實可發生很大的變化：在冰河紀高峰期，這個表面曾經較今天的低 200 多米；而在兩個冰河紀之間的溫暖期，這個表面則可以較今天的高出百多二百米；

- 喜瑪拉雅山每天都在增高；

- 地球的磁極不但會漂移，而且每隔廿多萬年便會出現南、北磁極倒轉的現象；

▼冰河紀的高峰期，加拿大、整個英倫三島和大半個歐洲被壓在 **2,000** 至 **3,000** 米的冰層之下。

▶喜瑪拉雅山每天都在增高。

- 高能的「宇宙射線」正在每一刻都穿透我們的身體；

- 人是由低等的動物演化而來的；

- 世上千差萬別的東西，都只是由 90 多種基本元素組合而成；

- 最匪夷所思的是，我們看不見、摸不著的各種無線電波正充斥於我們的周遭，而只需一部輕巧的智能手機，我們便可以將這些電波轉變為我們與朋友即時溝通的渠道，也可轉變為我們最喜歡看的電影和電視劇集，或是帶領我們尋找從未去過地方的導遊……這不是魔法是甚麼？

- 影音保存技術，令一個精彩的音樂會可以不斷被後世的人欣賞，即使演出的人皆已死去了大半個世紀；同樣地，它也可令我們不斷翻看離世親人的生活片斷，就像他們仍然在世一樣；

- 人類沒有翅膀，但現時已比雀鳥飛得更快、更遠；人類不能在水中呼吸，但現時已可以比魚類游得更快潛得更深；我們甚至已經離開這個孕育了我們億萬年的星球，跨越沒有空氣的太空，而踏足於另外一個天體；

- 物質可以轉化成能量、能量也可轉化成物質；光既是波動也是粒子、電子既是粒子也是波動；

▶一部智能手機便可以將電波轉變為溝通渠道，變成不朽影音，供人欣賞。

▲▼人類沒有翅膀和魚鰭，也可上天下海，甚至跨越太空，而踏足於另外一個天體。

- 自從人類懂得釋放原子核的巨大能量，一小匙羹的「鈾—235」即可提供一個小家庭 10 年所需的電力；

- 自從人類發明了氫彈，一個好像小型轎車般大的炸彈，即可摧毀一個好像紐約般的大城市；

- 一個物體的運動速度愈高，它的質量會變得愈大、長度會變得愈短，而時間流逝的速率會變得愈慢；

- X- 射線的發現，以及往後的超聲波和核磁共振 (NMR) 等透視造像術的發明，令我們毋須把身體剖開，即可看到各個內臟的情況⋯⋯

再一次地說，以上種種，不是魔法是甚麼？

類似的例子當然還可以繼續列舉下去。生物學家哈爾登 (J.B.S. Haldane) 曾經說：「大自然不比我們想像的奇妙，她比我們可能想像的更奇妙！」(The Universe is not stranger than we imagine, it is stranger than we could imagine.) 就以上這些例子，已可令我們清楚看出，科學探究所揭示的宇宙奧秘、以及科技發明為人類所帶來的「超能力」，已經如何超越了童話世界中的眾多幻想。

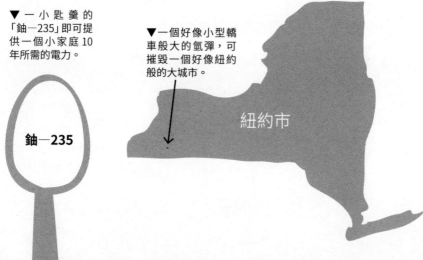

▼ 一 小 匙 羹 的「鈾—235」即可提供一個小家庭 10 年所需的電力。

鈾—235

▼一個好像小型轎車般大的氫彈，可摧毀一個好像紐約般的大城市。

紐約市

對科學家批判的反辯

熱衷於「心靈感應」(telepathy)、「天眼通」(clairvoyance)、「念力」(telekinesis)、「預感」(precognition) 或「與靈界溝通」能力 (spiritual mediation) 等「特異功能」(paranormal powers) 的人，往往批評科學家「封閉」、「狹隘」、「思想僵化」和「不肯接受他們無法解釋的東西」。殊不知科學家曾經接受的不可思議事情，比他們所相信的還要多得多。在《愛麗斯夢遊仙境》中，愛麗斯向紅皇后說：「我們無法相信不可能的事物！」紅皇后的回答是：「荒謬！我好像妳這樣的年紀，每天都花半小時做這樣的事情。有些時候，我早餐之前便已相信六件不可能事情之多！」歷來的科學家與紅皇后相似之處，比絕大多數人所知的都大得多。

在科學探求中，事物的「可信度」(credibility) 不在於它是否「合情合理」或如何地「不可思議」，而在於支持它的證據有多堅實可靠，並且能否經得起反覆的檢測和驗證。對於重大的假說，科學家更要求有來自不同領域、不同層次的獨立證據 (multiple lines of evidence)。

荒謬！我好像妳這樣的年紀，每天都花半小時做這樣的事情。有些時候，我早餐之前便已相信六件不可能事情之多！

我們無法相信不可能的事物！

這便把我們從「科學事實」（scientific facts）帶到「科學方法」（scientific method）的層次。科學探究的熱情和科學想像的大膽，必須受到嚴謹的科學方法所規範，否則科學便無法成為人類建立堅實可靠知識的有效途徑。任何科學家提出了一個大膽的假說後，無論是他本人還是他的同行（不論是敵是友），首要做的便是盡力嘗試透過觀測或實驗來推翻這個假說。而原則上，這個假設必須是有可能被推翻的。這便是科學研究中著名的「可否證原則」（principle of falsifiability）。

達爾文的好友赫胥黎（Thomas Huxley）曾經說：「科學也者，只不過是條理化的常識吧了。」（Science is nothing but organized common sense.）的確，所謂「科學方法」，核心的精神就是尊重邏輯和證據。每一刻，在地球上每個角落的法庭裡，我們都竭力透過邏輯和證據來斷定被告人是否有罪。而假如一個深信各種超自然現象的人患了病要接受一種嶄新的治療方法，他也必然要求這種方法已經通過了最嚴謹的驗證和測試。但有趣的是，如果在研究各種「超自然現象」的聲稱時，我們堅持採用同樣嚴謹的科學方法以進行研究，卻立刻會招來「封閉」、「狹隘」的指控，這不是一種古怪的雙重標準嗎？

天文學家薩根（Carl Sagan）指出：「科學探求要求我們擁有開敞的心智和胸襟，以及富於懷疑和批判的頭腦。這是一種十分獨特的組合。」（Scientific inquiry demands a unique mix of open-mindedness and penetrating skepticism.）可謂捕捉了科學的精髓。

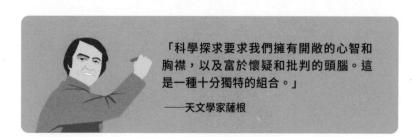

「科學探求要求我們擁有開敞的心智和胸襟，以及富於懷疑和批判的頭腦。這是一種十分獨特的組合。」

——天文學家薩根

「超自然」與「科學事實」都屬無稽之談

其實，在一個最根本的層次而言，「超自然現象」乃自相矛盾的概念因此不可能存在（英文稱之為 oxymoron）。為甚麼這樣說？這便回到我之前提到的「廣義自然觀」之上。因為按照定義，「自然」是無所不包的，也就是說，即使這個世界有妖怪、神仙、鬼魂、第四度空間、第五度空間甚至第 N 度空間，他們全都是「自然」的一部分，何「超自然」之有呢？也就是說，所謂「超自然」是一個自我矛盾的概念。

要「各打五十大板」的話，我也必須指出：所謂「科學事實」也屬無稽之談。事實就是事實，我們只有「毫無根據的胡扯」、「大膽的臆測」、「未經證實的傳聞」、「經初步驗證的假設」、「已經被棄分驗證的假設」、「已經反覆經過實踐證明的事實」等。而同樣的劃分當然也應該被應用到所謂「超自然現象」之上。

最後，我想談一談好像《哈利波特》（*Harry Porter*）故事中的魔法（sorcery）。小朋友（及一些大朋友）對這些威力強大的魔法都感到趣味盎然，但作為「科學發燒友」的筆者，立即想到的是，這些魔法有規律可尋嗎？

答案當然是肯定的，否則劇中的小小主人翁也不用千辛萬苦來到魔法學院學習，而且要達到某一水平才可升級和畢業。但如此一來，所謂「魔法」也者，只不過是我們現時所認識的「物理規律」（physical laws）以外的一套「另類物理規律」（alternate physical laws）罷了，而對這套規律的研究，也應是科學探求的一部分。事實上，相對於牛頓的物理學，二十世紀兩大革命的「相對論物理學」和「量子力學」，就是徹頭徹尾的「另類物理學」。

當然，《哈里波特》小說和電影中所注重的，不是研究而是實踐，但這便有如我們透過已知的物理定律來苦練跳高、跳遠、射箭和柔道等競技罷了。

「任何足夠先進的文明將如魔術無異！」——其實在古人眼中，我們今天使用的機關槍、火箭炮、轟炸機、潛水艇、魚雷、巡航導彈、無人機、核子武器等不就是威力驚人的魔法嗎？不但如此，就是政府用來鎮壓民眾用的催淚煙、胡椒噴劑、水炮、聲波槍、電棒等，不也等於《哈利波特》在彼此對峙時所使用的各種「武器」嗎？

從另一個角度看，魔法之所以吸引，是因為施法者（當然指道行最高的）可以呼風喚雨、翻江倒海、法力無邊。但大家有沒有想過，所謂「法力無邊」，其實是一個最為大煞風景的意念？因為在這個意念之下，兩方對壘只有兩種可能性，一是一方法力無邊而另一方不是，則前者一出手便勝負已分，何來趣味？至於另一個可能性，是雙方都法力無邊，如是者則天荒地老也不會分出勝負，又有甚麼看頭？

簡單的邏輯是，任何有趣的劇情只能來自「法力有邊」，而「有邊」即要符合一定的規律，而符合規律則可成為科學研究的對象，即歸根究底，《哈利波特》必然是一部符合科學（即使那是一套虛擬的科學）的故事。

「規律」也者就是局限。不錯。想「超越局限」是人的本性，而人類今天能夠「上天下海」，已經是能力上的高度超越，但這些「超越」永遠是相對而不是絕對的。邏輯告訴我們，絕對的超越會帶來不可消除的自相矛盾：「全能的上帝能否造出一塊連祂也搬不動的石頭？」便是這種矛盾的經典表述。從另一個角度看，超乎科學的「法力無邊」一旦出現，宇宙間的一切故事可以休矣。

讓筆者向熱衷於「超自然現象」的朋友作出邀請：不如多花點時間了解科學探求所揭示的宇宙奧秘，好嗎？

談真理

——借助穿梭時空的外星人之視角

哲學家對大哉問抱持著外星人之視角與觀感！

　　「真理」的追求，從來都被「懷疑論」和「獨斷論」的對立所困擾。我們問：「世上有絕對真理嗎？」，抑或「所有『真理』都是相對的嗎？」換句話說，有沒有外在於探問者的「客觀真理」，抑或所有真理都是主觀，故此也是虛幻的？儘管這個問題在哲學中特別迫切，但即使在日常生活裡，我們是否真的能夠找到事實的真相（如果有的話），也是一個難以確定的疑問。的確，假如黑澤明著名電影《羅生門》裡的山神甚至鬼魂，也不能確切道出某個下午在樹林裡究竟發生了甚麼事情，哪麼區區一個哲學家，又怎可寄望能夠揭示「宇宙人生天下事」背後的真諦呢？

世上有絕對真理嗎？

不斷尋求又推翻「真理」的科學家

我們對「真理」的性質在二十世紀已經有了更深入的了解。全憑羅素（Bertrand Russell）、戈德爾（Kurt Gödel）、塔斯基（Alfred Tarski）和凱廷（Gregory Chaitin）等人的努力，現在我們知道，在任何包含「真理」這個概念的「規範系統」（formal systems）之中，都必然包含著「自我參照的佯謬」（self-referential paradoxes）。

再者，在每一個「內在一致」（internally self-consistent）的規範系統中，無論系統有多完備，總會含有在系統內既不能被證明也不能被反證、卻在系統以外可見其為「真」的陳述。這意味著，任何想將所有關於「宇宙人生天下事」（Life, the Universe, and Everything，英國幽默作家 Douglas Adams 的名句）的真理包攬在單一個規範框架內的企圖，都注定是白費心機的。不過，這並不是說我們不值得花時間去探求一些有關我們這世界的具體真相。不用說，不懈地做這種事情的正就是歷來的科學家。

在人類所有的文化活動中，只有科學家才能自詡擁有持續進步的輝煌紀錄。這當然是由於知識在「量」（涵蓋面的不斷擴大）及「質」（認識的不斷深化）兩方面不斷累積的結果。但正是基於科學的不斷進步——科學家提醒我們：科學知識不是永恆不變的，一度曾被奉為金科玉律的定理，隨時有可能被後來的發現所推翻，這在科學史上屢見不鮮——我們必須強調科學知識的「臨時性」（provisional），而這也是一種明智之舉。

建構「真理」的框架

這邊廂科學家提醒我們所有知識並非永恆不變的，那邊廂社會學家卻喜歡把所有知識都說成是「境況建構」(contextual) 的。「境況性」(contextuality) 是更涵攝性的一個概念，因為它引進了知識進步以外的其他因素，例如來自種族、性別、歷史、社會、文化、政治、經濟，和心理等的領域。為了簡潔，以下我將上述所有因素都籠統歸類為「社會因素」。

論據是這樣的：既然所有「知識」都是在這些「社會因素」之下產生的，則知識只在某個「社會境況」中才被確認為真，即是說，具有「境況性」。

打從上世紀八十年代起，受到「社會解構主義」(social deconstructivism) 思潮的影響，學術界出現了把所有科學知識都視作「只不過是一種社會建構的產物」這種趨勢。也就是說，這些科學知識的成立與否，不在於認識論上的「有效性」(epistemological validity)，而是決定於：權力政治、話言霸權、心理格式塔 (Gestalt)、咬文嚼字，或甚至是赤裸裸的社會性欺騙。〔請留意在後現代思潮裡，「建構主義」(constructivism) 與「解構主義」(deconstructivism) 可被看作為同一樣東西。〕

格式塔心理學

「格式塔」是德文 Gestalt 的譯音，意謂「模式、形狀、形式」等，即是指「動態的整體」(dynamic wholes)。由馬科斯・韋特墨 (1880~1943)、沃爾夫岡・苛勒 (1887~1967) 和科特・考夫卡 (1886~1941) 三位德國心理學家提出，他們主張人腦的運作原理是整體的，例如人們對一朵花的感知，並非純粹單單從對花的形狀、顏色、大小等感官資訊而來，還包括人們對花過去的經驗和印象，加起來才是我們對一朵花的感知。

・「境況性」與「陰謀論」的雙重佯謬

毋庸諱言，我對這種觀點大不以為然。一方面，我同意知識是具有境況性的；但另一方面，我跟大多數社會解構主義者在理解「境況性」的含義上有很大的分歧。在進一步闡釋我的立場之前，先讓我祭起一些虛擬的敵人（我稱之為「稻草人理論」），試試看把它們打倒能給我們帶來甚麼啟示。

在豎立起「稻草人」之前，我想先羅列我心目中有關「境況性」這個形容詞的可能定義。應用在「真理」時，境況性可能指：

(1) 相對性：我的真理可能是你的謬誤；或更廣義的說，在這個文化中為真的，在別的文化中則可能是假的；

(2) 時空特異性：今天為真的，明天卻可能為假；在這個星系（例如我們的銀河系）裡是真的，在另一個星系中則可能是假的。

當應用於「認知」（cognition）或「理性」（rationality）之時，「境況性」乃指我們的感官及分析能力是：

(i) 主觀的、

(ii) 偏頗的、

(iii) 受制／有限的，或甚至

(iv) 根本是被誤導的。

不管上述的含義中哪個成立，其最終結果都與「真理是有境況性的」無異，只需把上述 (1) 與 (2) 之中的「真理」兩字轉換成「理性」，把「謬誤」轉換成「不理性」便可。

請留意我為「境況性」下定義時，兩次皆用上「可能」二字。這是因為儘管有人認為上述的定義在邏輯上無可置疑，我卻認為這問題還未有定論。

以下，讓我們先把假想敵豎起（其實不是甚麼新奇的東西，只不過是把「境況性」這概念推到極限而已），我刻意把它和「陰謀論」這一概念聯繫起來，讓大家讀來有一點新意。好了，現在就讓我們看看：

「終極境況性理論」（The Ultimate Contextuality Theory，可簡寫為 UCt 理論）

「所有真理都是境況建構的。」——也就是說，並無客觀存在的真理。又如在馬克思主義的哲學裡：「並沒有任何思想是非意識形態的（non-ideological）」及「所有意識形態均為虛假的意識（false consciousness）」。

顯而易見，根據馬克思主義的思路，再走一小步就達到一個「陰謀論」的世界觀。只不過，我如今設想的陰謀策劃者不是「資產階級世界觀」，而是兩個更極端的形式：

「終極陰謀論」（The Ultimate Conspiracy Theory，可簡寫為 UCp 理論）

1.「缸中之腦」或「電腦中的程式」陰謀論

瘋狂科學家把活人的腦養在玻璃缸裡——這一情節在科幻小說裡已經不是甚麼新鮮的事兒。但這怪念頭卻是先由哲學家普特南（Hilary Putnam）在他

的書《理性、真理與歷史》（*Reason, Truth and History*）裡帶進哲學世界而聲名大噪的。普特南的論據是，從本體論和認識論的角度出發，我們不可能是「缸中之腦」卻仍能表達這個事實。我雖然不完全認同他的結論，但作為一個「假想敵理論」，我們對此不必深究。這個理論的假說就是——

我們所有的感官覺知（故此也包括了全部記憶）都是一個瘋狂科學家所編造，然後輸進我們的腦子裡。在缸中的腦子以為自己像常人般生活在一個正常的世界裡，而且感覺很真實，但這個世界跟缸外的實驗室中的實況全無關連。

在這電腦主宰一切的年代，上述理論的電腦版本就是我所謂的「電腦中的程式」〔又可叫做「機器裡的幽靈」（ghost-in-the-machine）〕陰謀論。（荷里活電影《廿二世紀殺人網路》（*Matrix*）就是以這個題材大做文章。）

科學家把感官覺知輸進缸中的腦子裡，腦子以為自己像常人般生活在一個正常的世界裡，但這個世界跟缸外的實驗室中的實況全無關連。

2.「上帝實是魔鬼化身」陰謀論

對於虔誠的教徒而言，一個終極的陰謀論（或是「終極的褻瀆」！）是——我們一直崇敬歌謳的上帝，原來是魔鬼假扮的！天主教中有關撒旦墜落的敍述，原來是上帝給魔鬼打敗了，甚至被拘禁起來（可能正等待我們救援！）。

　　當然，這理論還可圓滿解釋為何上帝既萬能又至善，世界仍有諸般苦難這個困擾了世世代代神學家的難題。〔這意念曾給科幻作家海萊因（Robert A. Heinlein）用於他的悲喜劇《約伯記》（*Job*）之中；亦曾被另一科幻作家狄克（Philip K. Dick）用於他的《神聖的侵略》（*The Divine Invasion*）。〕

　　不難看出，無論是「終極境況性理論」或是「終極陰謀理論」，都逃不了相同的三個問題：

問題一：

它們都不可被證偽，是故可以由此推出互相矛盾的聲稱。

　　例如，我們無法決定「缸中之腦」和「電腦中的程式」這兩個理論誰是誰非。「不可偽證性」（unfalsifiability）並非「終極陰謀理論」所獨有。它同樣適用於「三分鐘宇宙論」、「五分鐘宇宙論」和「九星期半宇宙論」等「宇宙起源論」。

　　另一個類似的例子是：「我們過往和現在的經歷，只不過是一個夢。這個夢一旦醒來，我們將回到一個真正的現實。」──這個「夢理論」的極致引申是無窮的「夢中夢」理論，亦即我們「醒來」所處身的「現實」也只是另一個夢而已。這種「推論」當然還可以繼續下去。但哪一級的「夢中夢」理論才是真的呢？

問題二：

它們的自我指稱性質（reflexivity）會導致無窮遞歸（infinite regress）的情況。

顯然，如果「解構主義」（deconstructivism）的任務是「解構一切」，那麼解構主義本身必能「被解構」（being deconstructed），而解構後的結果又必能被解構……如此直至無窮。回到「缸中腦理論」，如果我們所認知的世界乃是一個超級智慧植入我們的頭腦中，則「缸中腦理論」也可能是一個超級智慧植入我們腦中的一個騙局，而這個騙局也可能是一個超級智慧植入我們腦中的「騙騙局」，而這個「騙騙局」也可能是……如此下去，直至無窮。

問題三：

它們無所不包的本質，表示已無再論說的餘地。

例如，「世上無客觀真理」這話，就不可能是客觀地真的。又如我們身處的「現實」真是被隨意虛構出來的話，那麼我們從原則上沒有可能超越這一現實來揭露它背後的真象。最終，就會像禪宗所說：「真理只可意會不可言傳」，我們一開口，真理便會消失於無形。

訴諸例外是否解決問題的方法呢？例如：「除了馬克思主義之外，所有其他意識形態都是虛假的。」更直截的是：「除了我之外，所有人都是偏頗的。」可是，這些都不能被證偽，因此也容許互相矛盾的陳述並存。例如：「除了資本主義之外，所有其他意識形態都是虛假的。」

「相對主義」和「有限理性」

顯而易見，我祭起這些「稻草人理論」並把它們打倒，是為了揭示近年甚囂塵上的「知識的社會研究」（social studies of science，簡稱 SSK），特別是其中的「強命題研究綱領」（Strong Programme）的荒謬之處。

我必須聲明在先，我絕對尊敬上世紀初由韋伯（Max Weber）所開創、突顯人類理性的「社會－歷史局限性」的學術研究傳統。我認為，這一研究大大豐富了我們對人類理性行為本質和模式的理解。在這之前，所有這些行為都只是被籠統地歸類為「理性行為」罷了。但我想即使韋伯本人，假若得知他的「有限理性」（bounded rationality）和「工具理性」（instrumental rationality）等觀念，在同一世紀末被用以（或被誤用）來鼓吹一種近似宗教性的「相對主義世界觀」——我認為這正是「強命題研究綱領」的實質——相信他也會給嚇了一跳並大感不安。

當然，社會結構主義者會回應，說他們的研究和上述的假想敵理論不能相提並論。他們的研究是基於豐富的經驗事實及嚴謹的學術分析（或許他們會刪掉「事實」這個字眼，因為這是敵對陣營的用詞，所以是禁忌！）。但問題是，如果證據被曲解而分析又錯漏百出的話，這種學術研究還是不能保證達至正確的結論。

而我堅稱，充斥於解構主義裡的「相對性」思維和觀點，正就是曲解和錯誤推導的結果。我更認為，如何證明「強命題研究綱領」的邏輯形式和所引致的結果，是否和前述的「終極境況性理論」和「終極陰謀理論」有實質的分別，是其支持者所無可迴避的問題。

既然「相對主義」似乎是整個問題的關鍵，讓我們對它作更深入的分析。「相對主義」實在可以分為三大類：

(A) 外在世界並不存在

這是一個極端的、「唯我論」(solipsistic) 的相對主義。(比「缸中腦」更極端。起碼缸中腦還有一個外在世界——擺滿缸中腦的試驗室。)

(B) 客觀真理並不存在

無論有沒有外在世界皆然。(當然,一個沒有客觀真理的外在世界,實在是難以想像的一回事。較容易想像的是將「客觀真理」換成「毫無法則」,亦即設想一個不遵循任何法則的世界存在。蘇聯科幻作家 Stragatsky 兄弟的作品《一定或者》(*Definitely Maybe*) 所描繪的正是一種類似的情景。)

(C) 世上沒有客觀這回事 (亦即不帶偏頗的認知)

故此無論上述陳述 A 或陳述 B 正確與否都無關重要。(也就是說,即使有客觀真理,我們也永遠不能掌握得到。)

抱持立場 A 的解構主義者,即使有也屬寥寥可數。可另一方面,絕大部分解構主義者即使不開宗明義地支持、也隱隱地假定了 B 或 C 的立場。但最令人氣惱的是,你若要他們闡明立場 (例如是支持 B 還是 C),他們大多支吾以對,矢口否認他們在作任何「本體論」(ontological) 或「認識論」(epistemological) 的聲稱!把話說得重一點,我認為這是他們缺乏學者誠信和骨氣的一種反映。

以「反教條主義」、「不可知論」作回應

我的哲學立場是怎樣的呢？一言以蔽之：「反教條主義」；較具體地說就是：我們要避免在證據不足的情況下對任何事情照單全收堅信不疑。我對「信不信神」這觀念就是最好的寫照——我認為，「神存在」和「神不存在」都是教條。既是如此，「不可知論」（agnosticism）才是唯一可取的立場。

可是，誠實的我還是必須承認，我不是一個純粹的「不可知論（agnostic）者」。我的見解是，目前的環境證據（circumstantial evidence）顯示，「無神論」（atheism）比「有神論」（theism）為真的機會較大（按各大正統宗教的教義而言）。所以，我其實是一個傾向「無神論的不可知論者」。

但請留意：無神論既不否定「第一因」的可能性，更不否定「宇宙的存在本身」乃是一個終極的奧秘。這都不是無神論的立論。無神論只不過是拒絕接受傳統宗教所給予的簡易答案罷了。這類答案把宇宙的奧秘都解釋為一個「人格神」（personified deity）的傑作。

「客觀真理存在嗎？它們可以透過人的理性來得知嗎？」——我認為不管是絕對肯定的答案、還是絕對否定的答案，都屬於「教條主義」。我這樣說，是假設答案是先驗地作出的。如果我們從個人經驗以及人類總體經驗出發，我則認為答案必然是「有限度的肯定」。

寫到這裡，讀者們也許已比較清楚我的立場。我是一個「科學懷疑論者」（在神學層面則是「不可知論者」），但在形上學的層面則有點「絕對主義」（更確切來說是「樂觀主義」）的傾向。

論「真理」的兩種層面

•「絕對終極真理」

讓我進一步闡釋我的立場。我要先指出，在學術議論裡，「真理」這個字實有兩層含義。第一是「大寫」的真理，亦即宇宙天下間的「絕對終極真理」（Ultimate Truth）。這跟知識的「終點」（又稱「可窮盡性」）理論有關，例如物質、時空、數學的終極性質等。按這見解，從原則上出發，有關物質、時空和數學的「終極性質」，必有可以窮盡的一天。但這類「終極真理」是否存在，又是否原則上可知，至今是一個完全沒有答案的問題。

•「某一情境下有關某一命題的真偽」

另一種真理所指的，則只是「某一情境下有關某一命題的真偽」，而這跟知識是否可以窮盡並無關係。例子就如：地球是否環繞太陽運行、金是否比鐵重、「鐵達尼」號是否真被冰山撞沉等。除了相對主義死硬派外，大概沒有人會質疑這種真理的存在。問題倒在於能把這種真理證明到何等程度。

舉另一例，六千五百萬年前一顆隕星撞向地球而導致恐龍滅絕，已是科學界所普遍接受的一個理論；大多數人會承認，「鐵達尼」沉沒與恐龍滅絕的原因在確證程度上有所不同，也就是說，在未來找到新證據顯示「鐵達尼」乃被其他原因弄沉的機會，遠少於發現恐龍滅絕乃由其他原因所導致。

◀六千五百萬年前一顆隕星撞向地球而導致恐龍滅絕，已是科學界所普遍接受的一個理論。

如何面對「自然規律」的真假？

但科學家最感興趣的「自然規律」（Laws of Nature）的真假又如何呢？我認為有關這方面（亦即有關普遍概念的知識），最好不過是重申波柏（Karl Popper）就「假設－演繹模式」（hypothetico-deductive model）的闡釋及人類知識增長論述的真知灼見。

由於在波普爾的年代，社會解構主義仍未抬頭，他沒有在著述中對「境況性」這個問題作特定的處理。故此，讓我擔起這個任務，盡我的綿力在本文中嘗試處理這個富爭議性的話題。

・「攝嵌」的程度與超越局限的感知

大家都知道，我們的存在是「攝嵌」（embedded）的；亦即是說，我們的稟性、好惡和認知能力，乃由我們的遺傳基因、家庭背景、教育、社會文化，和我們透過偶然機會接觸到的哲學和思潮所決定。因此總括來說，我們對世界的每一項認識，無一不背負著文化包袱、理論包袱和意識形態包袱。有鑒於此，可能有人已認定不能再作任何有意義的討論而乾脆住嘴。在我看來這是投降主義。

我們大可以假設——我們的「嵌入性」（embeddedness）並不是完全的（除非你對缸中腦理論或其中的一個變種深信不疑），而是在不同的領域有不同的程度。以下我列舉了三種可能性：

- 攝嵌程度（在某一些領域）是如此之深，以至我們根本不察覺其存在，因此亦無從擺脫。（好像一尾深海魚不能知道自己活在深海）；

- 攝嵌程度並非完全，是故我們還可察覺其存在，卻是無法擺脫或超越；

- 攝嵌存在但可以被超越，只是程度上會於不同時期有所不同。

我們對歷史和人類學的深入研究顯示，上述的第二和第三個可

能性都是真實存在的。因此，我們能有理由相信，只要我們試圖找出嵌入性限制的性質和程度，我們便有可能超越它，或是即使無法超越，也可領會到它的影響程度。如此的話，有意義的討論還是可以進行的。

讓我們先看一個最卑微（這是從哲學角度而言）的例子：一尾深海魚。其實我們的而且確都是深海魚，我們都住在一個深海——地球大氣層——的底部。從古至今，有九成以上的歷史是人類活在這事實之下而不自知。可是，有一天我們終於超越了這項「攝嵌」。現在我們甚至知道，在以真空為主的宇宙裡，保護著我們的這個空氣的海洋只是個異數。

超越「攝嵌」：如果我們是深海魚，有天，我們知道海洋在宇宙裡，是個異數。

更嚴重的「攝嵌」當然是我們的感官限制。無論是視覺、聽覺或嗅覺，我們的感官能力和範圍都十足有如「管中窺豹」。以視覺為例，人眼只對整個電磁波譜中百萬分之一的區域有反應，對其餘的極遼闊區域，我們跟盲了沒有分別。然而，過去百多年來，藉著各種儀器的幫助，我們已經可以在人眼看不見的光譜區域去「察看」宇宙。

當然，哲學家所指的「攝嵌性對人類理性構成的局限」，顯然超出了感官局限對人類理性的限制，層次也較深刻得多。但兩者卻絕非互不相干。今天，沒有人會因為電磁波譜有「人所不能見」的部分，從而質疑人類的理性是否有不可逾越的內在局限。但一些人卻宣稱，社會上和文化上的「攝嵌性」，為人類的理性設置了不可逾越的屏障。但這些聲稱的證據何在？有人證明澳洲的土著永遠無法理解高等數理邏輯嗎？抑或洋人永遠無法領略唐詩的境界？又或是好像一些女性主義者所宣稱，男人永遠無法理解女性的觀點？又或是今天的人永遠無法理解春秋戰國時期的人的感情世界？

在數理邏輯的層面，「戈德爾定理」（Gödel's Theorem）固然無可爭辯地論證了人類理性的局限，但這顯然不是「攝嵌性理論」所

針對的東西。在生物的層面，也沒有人相信我們可以「跳出」人這個族類的局限性，而學會好像蝙蝠一樣看世界（哲學家 Thomas Nagel 便寫過一篇名為〈*What Is It Like To Be A Bat?*〉的文章以探討這個問題）。但這顯然也不是「攝嵌性理論」的旨趣所在。撇開了以「本體論」為主的「詮釋學理論」（ontological hermeneutics），SSK「強綱領」的「攝嵌性理論」所最關心的，是人類認知的「社會文化制約」。如果還包括歷史的角度，這些制約可歸納為「橫向」的「文化局限性」和「縱向」的「時代局限性」。

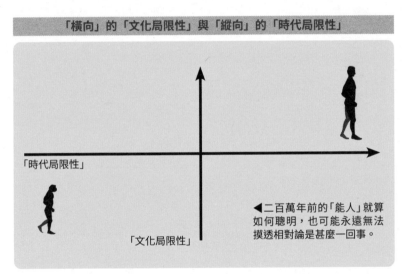

「橫向」的「文化局限性」與「縱向」的「時代局限性」

「時代局限性」

「文化局限性」

◀二百萬年前的「能人」就算如何聰明，也可能永遠無法摸透相對論是甚麼一回事。

從進化的角度來看，「時代局限性」是十分真實的一回事。正如二百萬年前的「能人」就算如何聰明，也可能永遠無法摸透相對論是甚麼一回事，宇宙間亦可能真的有一些重大的奧秘，以我們現有的智力水平，是怎樣也無法理解的。當然，這並不表示人類的後代不會有揭示和理解這些奧秘的一天。〔天文學家霍爾（Fred Hoyle）在他的巨著《黑雲》（*The Black Cloud*）之中，嘗試描述一個在進化上遠遠超越人類、我們因此無從理解的超級外星心靈；另一個例子是 Stanislaw Lem 所寫的《*Solaris*》。〕

・「我」的「攝嵌」程度——「自知之明」新解

　　讓我們暫時不顧未來，著眼現在。我們用這基本假設：我們確是受認知嵌入局限的，但當我們要認識這世界時，即使不是全部、也有大多數的生物／文化嵌入性是可以超越的，只是程度的差別而已。其中一個方法，是先盡量羅列把「我」定性為「我」這個發問者的屬性，然後自問每一種屬性怎樣影響「我」的理性。舉個例：本文作者的特性包括（以現時所知）：

❶ 我活在一個於十四億年前以熾熱大爆炸形式起源的宇宙當中；

❷ 我活在一個在膨脹的宇宙當中；

❸ 我活在環繞一顆處於一個星系（稱「銀河系」）邊陲的單恆星（稱「太陽」）而繞轉的行星（稱「地球」）表面；

❹ 我是物質造的；

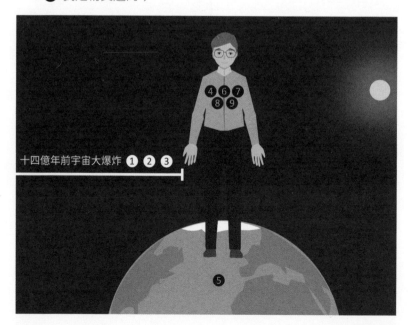

❺ 我活在三維空間；

❻ 我由以碳和水化學為基礎的蛋白質和去氧核糖核酸組成；

❼ 我是一個多細胞、嗜氧、陸棲、脊椎、雜食、雙性（bisexual）的動物；

❽ 我是一頭雄性的靈長目（primate）生物；

❾ 我的壽命約為一百年。

　　有人也許覺得以上的描述太過誇張不切題，我卻不以為然。試看第 8 項描述。如果我是雌性的靈長類，這對我的理性有影響嗎？很多女性主義分子都會振振有辭地說：「有！」既然如此，就為何不可問「假設人類是單性（unisexual）或三性（trisexual）動物會如何？」這恰巧是我所謂「嵌入性」（稱之為「局限」亦可）只可被承認而不可被超越的意思──地球上既無三性生物，我們根本不能想像第三性是甚麼，也不能想像作為第三性對理性的影響會是「促進／解放」或「妨礙／遏抑」的（就如女性主義哲學所云）。

　　同樣，假設人類是素食的、甚至可以自我製造食物（想像人髮可進行光合作用），人對自然界的感覺和跟自然界的關係又會是怎樣呢？又或我們住在一個二維的平面世界，我們會有怎樣的空間觀念？又假如人類可以長生不死，那時的倫理道德觀念和社會秩序規範又會是怎樣的呢？又如我們住在一個正在收縮（而非膨脹）的宇宙，時光會倒流（正如某些宇宙學家所言）而我們對時光流逝的感覺和因果關係的認知會和現在的有所不同嗎？

　　上面最後一個例子，可作為人類如何超越「嵌入性」的一個好案例。假設宇宙的膨脹或收縮真的會影響我們的認知，那麼在古希臘時代，即使如亞里士多德這樣一位學者，亦不可能擺脫完全的嵌入──發現宇宙膨脹是在他二千年後的事。但現在我們知道了，局限著我們的嵌入性即使還未被擺脫，最少也給減少了。

　　同理，可以設想，目前我們正受某些自己所不知的嵌入性所限制，但這並不表示，我們以後永遠也不能把它們發現出來。說得漂亮點，深海的魚大概永不會知道自己住在深海，但人類以他的求知精神，一定不會永遠處於渾噩無知的境地。

　　一口氣寫了那麼多（刻意）的漂亮話也該夠了。我相信以下的描述，大多數人都會接受為真正的「嵌入」：

　　「我是華南（廣東）人氏，男性，生於二十世紀下半期，在英殖民地香港長大及受教育，同時受西洋（主要是安格魯－撒克遜）資本主義、傳統中國，和共產中國的文化／意識形態所薰陶。我愛科學和哲學，無宗教信仰，但頗傾向儒家思想。我最愛的嗜好是觀星、科幻、古典音樂，和中國武術。」

　　當然，認識了我們的歷史局限性，是克服它的第一步。但這第一步卻只不過是一小步。看了上面的介紹的人，還是難以推導出我為何對諸如安樂死、墮胎、節育、人類的無性複製、優生、娼妓、動物權益、核能、太空探險、人工智慧、同性戀、色情媒體、死刑、民主、無政府主義、共產主義、全球化、世界政府等事物所抱持的見解。我們仍然需要理性地逐一討論上述的話題，其間必須盡可能將我們的立論前提和思想方法闡述清楚，彼此在坦誠溝通和求同存異的精神下共同尋找答案。

·訂下「基本假設」之必要

其實我所倡議的克服嵌入性的手法很簡單，那只不過是把我們的基本假設先羅列清楚，讓所有人都清楚知道和作出公開批評。只有在這個前提下，我們才可展開對宇宙的探索和對事物作出討論和爭辯。在過程中，我們應該時刻把這些假設銘記於心，以免你說一套我說一套，大家各有各說浪費時間。

在數學裡，這些基本假設叫作「定則」、「設理」或「公理」（axioms）。簡而言之，我所倡議的，是在認識事物時採取一個「公理化的進路」（axiomatic approach）。當然，這絕對不是甚麼新鮮的事兒。早於四百多年前，培根（Francis Bacon）便已在他的著作中呼籲人們採取這種常識性的做法。

「非歐幾何」（non-Euclidean geometry）的發現，曾被看作為「公理化推論」的一個失敗例子。但宏觀地看，如果這種進路包括了對公理的質疑，那末正就是這種質疑（即對「歐幾理德幾何的第五定則」的批判分析）促成了十九世紀裡「非歐幾何」的發現。

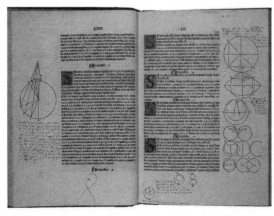

◀古希臘數學家歐幾里德的《幾何原本》（內文）（1482 年初版）。

古希臘數學家歐幾里德的《幾何原本》所提出的五條公設

1. 從一點向另一點可以引一條直線。
2. 任意線段能無限延伸成一條直線。
3. 給定任意線段，可以其一個端點作為圓心，該線段作為半徑作一個圓。
4. 所有直角都相等。
5. 若兩條直線都與第三條直線相交，並且在同一邊的內角之和小於兩個直角，則這兩條直線在這一邊必定相交。

然而，長期以來，數學家們卻發現第五公設和前四個公設比較起來，並不那麼顯易證明，於是有了「非歐幾何」、即對於歐幾里德的第五定則的批判探討。

即使在中學理科的實驗報告中，老師也會要求我們在篇首列明所有主要的假設（assumptions），而令我大惑不解的是，這個要求背後的精神，為甚麼還未延伸至人類其他活動呢？

‧以「當前最佳理性」、「開明的漸近主義」處世

根據上述推論，在一個特定的歷史時空裡，能夠讓我們進行對宇宙的非矛盾（或最小矛盾，考慮到戈德爾定理加諸的限制）研究所需要的最小數目的假設，構成了我稱為該特定時空的「當前最佳理性」（contextual optimal rationality，簡稱 COR）的核心。

與此相對應的，是我稱為「開明的漸近主義」（liberal asymptotism）的哲學立場。我所謂「開明」，是指我們清楚我們的「當前最佳理性」很有機會被修改，甚至會被未來的史家或哲學家所揚棄；「漸近主義」是指我們有這樣的信念，隨著知識的累積和哲學的反思，「當前最佳理性」絕對有愈來愈接近——但永不達到——「超境理性」（non-contexual rationality）的傾向。

嚴格說來,「超境理性」的存在只不過是個信念,或用我們剛才用的辭彙,是一項公理性假設。這假設的基礎如下:姑勿論我們相信有關世間的陳述是全部、多數、或少數偏頗,大多數人都會認同,某些陳述比其他陳述偏頗。不過,能作這區分,表示我們已先設定了有一套不偏頗的陳述,作為比較其他陳述有多偏頗的尺度。我們在追求這個「無偏頗陳述」時,雖然沒有可能百分百成功,卻可以無限地逼近成功,也就是上面闡釋的「哲學漸近性」(philosophical asymptotism)的含義。

就此,也許有人會想起中世紀神學家阿奎那(Thomas Aquinas)曾用類似的推論證明神的存在——我們可在大自然看到不同程度的優美,故此必定有一個終極優美(完美)的事物,可以讓我們作出比較。這個完美的事物便是上帝。但嚴格來說,阿奎那這種推論不一定成立,例如在愛因斯坦的「相對論」理論之中,時空是否出現彎曲,以及彎曲的程度有多大,並不需要一個「平直的時空」以作為一個基準,而是可以在體系之內透過一些參量的數值來斷定。以此作比喻,我們的認識有多偏頗,也不需要我們先找到一個「毫無偏頗的陳述」(亦即終極的客觀真理)。簡單地說,我們完全可以假設一套「沒有最真,只有更真」的真理觀,而「當前最佳理性」的價值,並不需要先設定有「超境理性」的存在。

「我們可在大自然看到不同程度的優美,故此必定有一個終極優美(完美)的事物,可以讓我們作出比較。這個完美的事物便是上帝。」
——神學家阿奎那

「時空是否出現彎曲,以及彎曲的程度有多大,並不需要一個『平直的時空』以作為一個基準,而是可以在體系之內透過一些參量的數值來斷定。」
——愛因斯坦

沒有最真,只有更真。

不錯，「當前最佳理性」必然帶有偏頗的成分。在此讓我引述愛因斯坦的話：「在宇宙的雄偉詭秘面前，我們的科學既幼稚也不足可憐的。可是，科學理性畢竟是我們擁有的最珍貴的東西。」我敢說，將前面引言裡的「科學」，代之以前述界定的「當前最佳理性」，大概也不會引起愛因斯坦很大的反對。

正如一千年後的史學家，不會責難一千年前的我們對他們那時的不少科學知識懵然不知一樣，他們大概也不會（起碼不會嚴厲地）批評我們不能超越這個時代的「當前最佳理性」。（但注意，即使我們不受批評，我們抱持的「當前最佳理性」在本質上卻必定會遭到批評。）

總結：「科幻觀點」的哲學用途

「……假若我們不能超越人類狹隘的眼光，不懂得把我們的存在放置於一個遠為浩瀚宏大的時空背景和宇宙歷史的長河來作觀照，則我們的視野便會變得狹窄、膚淺和偏頗。」——這是科學家 M.R. 科因（M.R. Cohen）的名言。可惜，在學術探究中，沒有多少學者能真正備有這樣的胸懷與識見。

在上文，我曾經引用了「未來史家」的批判眼光來幫助我們思考。在這終結段落，與其作出一個傳統的文章總結，不如讓我介紹兩個有趣的認知工具，以幫助超越人類作為「認識主體」的「背景和根源」上的局限。這兩個工具是從科幻世界借來的，它們是：

- **外星人觀點**

- **時光旅客觀點**

· 外星人觀點

老實說，以一個外星人的眼光來觀察人類世界的事物，就科幻小說的創作而言並不新鮮。早於十八世紀，法國大文豪伏爾泰（Voltaire）便已在他一部名為《*Micromegas, a Comic Romance*》的作品裡作出了這樣的描述（其中一個外星人來自天狼星，另一個則來自土星）。就現代科幻創作而言，令人留下深刻印象的出色作品則有 C. S. 劉易斯（C. S. Lewis）的《逃出寂靜的行星》（*Out of the Silent Planet*）和海萊因（Robert A. Heinlein）的《異鄉中的異客》（*Stranger in a Strange Land*）。

在一些人看來，科幻只是一些逃避現實、怪力亂神的低俗消閒讀物，與嚴肅文學沾不上邊。在我看來，這是主流文學界無知的傲慢。但我今天不是談文學而是哲學，而我想指出的是，科幻的立足點對克服我們認知的局限可以作出很大的貢獻。

我的建議是，讓我們在進行哲學和人文的探究時，每時每刻都自問：「假若作出觀察的，是居住在別的星球上的、經歷了不同演化歷程的外星人（更好的是外星人類學家），情況會變得怎樣？他們的智慧如果遠超我們（只要想想他們在進化上先進我們一百萬年，亦即不足宇宙歷史千分之一的時間），他們會怎麼看待人類的種種行為？又會怎麼去理解人類對事物的各種觀點呢？有甚麼我們以為是天經地義的東西在他們來說是完全無法理解的？相反來說，有甚麼我們認為是匪夷所思的東西在他看來是顯而易見、理所當然的呢？就世界觀、人生觀、價值觀來說，會有一些我們認為是嚴肅和深奧的東西，在他們看來是滑稽和瑣碎的嗎？相反，會有一些我們認為是滑稽和瑣碎的東西，在他們看來是嚴肅和深奧的嗎？」

‧ 時光旅客觀點

比上述更強而有力的觀點，是時光旅客觀點。理論上，時光旅客有六種，故此時光旅客觀點也有六種：

1. 從現在回到過去；

2. 從現在去到未來；

3. 從未來來到現在；

4. 從未來回到過去；

5. 從過去來到現在；

6. 從過去去到未來。

不用多說，我們最感興趣的是第 1、2、3 及第 5 種，因為都是以「現在」為起點或終點。

大家對第 1 種應該不陌生：研讀歷史就是用現代的眼光回到過往看人與事。這兒有兩個態度，第一是認為我們必須盡量模仿當時當地的人那種思維模式和感情反應，以較好地了解他們的所作所為。

第二個態度則認為必須以今天的「當前最佳知識／視野」來揭示過去歷史的奧秘。不用說這兩個態度其實是相輔相成的。

第 2 種的時光旅行是不少科幻小說家所努力經營的。在最優秀的作品中，這個構想出來的未來世界一方面既是呼之欲出地可信，令讀者有如親歷其境一般，另一方面卻又充滿了新奇和陌生的東西，令人感受驚訝和震撼。這樣的創作當然絕不容易。較突出的例子有威爾斯 (H.G. Wells) 所寫的《時間機器》(*Time Machine*) 與《睡者醒來》(*The Sleeper Awakes*)、赫胥黎 (Aldous Huxley) 的《美麗新世界》(*Brave New World*)、布萊柏雷 (Ray Bradbury) 的《華氏 451度》(*Farenheit 451*)、克拉克 (Arthur C. Clarke) 的《城市與星辰》

（*The City and the Stars*）、班克斯（Iain Banks）的《星際文化》系列（*the Cultures series*）小說等。電影的例子則有《浩劫餘生》（*Planet of the Apes*）、《未來戰士》（*The Terminator*）和《廿二世紀殺人網絡》（*Matrix*）等。其間的題材包括了人類透過生物科技對自身和社會的改造、機器成為了人類的統治者、猩猩成為了世界的統治者、人類摒棄科技返樸歸真等。

第 3 種「從未來來到現在」式的時光旅行，正包含著前述的「未來史家」觀點。我們可以假想自己是一個來自五百年後甚至五千年後的史學家，乘坐時光機回來我們今天的這個世界。對於這個學者來說，我們今天所重視的，有多少會留存於後世？又有多少會是曇花一現般在人類歷史的長河中轉瞬即沒？

對科幻有抗拒的人，也許認為第 2 及第 3 種中的未來觀點份屬猜想，談不上學術。我建議他們試用第 5 觀點。試將自己當是過去的來客，來到現在。不管是來自剛進入新石器時代的美索不達米亞文明、堯舜時代的華夏文明、中世紀的佛羅倫斯、抑或明治維新的日本，他們可以嘗試設身處地通過他們的眼睛看今天的世界。其間有甚麼是你會作出會心微笑？深有同感？搖首嘆息？或是會令你感到荒謬絕倫？豈有此理？又或是超乎想像？大惑不解的呢？換一個角度，在種種「嵌入性」（種族、文化、歷史局限）當中，哪一種是你這個過去來客所能夠超越的呢？（如果你認真地進行這種「角色扮演」，最後的一個反應可能是：「看！我們的後代把世界糟蹋成這個模樣，虧他們還誇言甚麼擁有現代科技！」）

我不打算細說每種時光旅客的觀點如何操作。我只想強調，交叉式時間類比視角是揭發嵌入性限制的最有力工具。舉個例，我們可以盡量找出十二、十四、十六、十八、和二十世紀的醫師對健康〔包括精神健康，如福柯（Michel Foucault）的論述〕和醫藥的觀念。但這還遠遠不夠。要分析得透徹，我們更應找出每一個時代的醫師怎樣看上一代的觀點（例如十八世紀的醫師怎樣評價十二世紀的醫學）。只有憑這「觀點的觀點」的演變，我們才有望運用「未來史家觀點」，

擬想出二十二或二十五世紀的醫師會怎樣看二十一世紀醫師的觀點。這個習作的用意，是揭發任何掣肘著二十一世紀醫師的觀念局限。在邏輯上這當然是不可能的（我們今天想得到的，當然便不會是未來的「新」發現），但我們的真正目的不是超越時空違反因果律，而是獲得一種解放性的思想啟發（heuristic liberation）。

理性的根本精神，是當我們不理性時能承認如此。可是，我們的非理性未必時時都那麼明顯，亦非我們所能察覺。我認為，如果我們能夠認真而一貫地發揚和運用「外星人觀點」和「時光旅客觀點」，我們就更能揭發種種內在的非理性，從而建立一個更好的「當前最佳理性」。而這是達致我們夢寐以求的「真理」的最佳保證。

附記：

(1) 本文是筆者提交悉尼大學與新南威爾斯大學合辦的「科學與科技的歷史與哲學」的研究生學術會議（1995 年 10 月 21 及 22 日）的一篇論文（原題為：〈穿梭時空的外星人——人類認知的局限與超越〉）。無巧不成話，會議首天（我發表論文的那天）剛好是我的四十歲生日。我在悉尼大學研修碩士一年，後轉新南威爾斯大學進修博士。這篇論文標誌著我從悉大的「科學哲學」研究領域、轉到新大的「科學社會學」研究領域的轉折。

(2) 本文的原文是英文。謹此向好友潘昭強致謝，全賴他花了偌大的精力完成了英譯中的第一稿，本文今天才有機會跟大家見面。

結合科學、人文
的科學哲學
大哉問

「你可以是科學家，
也是哲學家！」

──科學人文主義芻議

哲學家也可以具備科學家的特質！現代文明在精神上的紛亂和失落，主要源於科學和哲學的割裂。要走出困局，必須重建一個可以協調人類理性、感性和靈性的世界觀！

　　現代科學興起至今四百多年，初期曾對西方哲學的發展產生重大的影響，並成為啟蒙運動的主要精神泉源。不幸的是，自十九世紀以降，隨著「科學」（最初稱為「自然哲學」）與「哲學」各自不斷專門化，兩者迅速分家，而且愈走愈遠……

科學家　VS　哲學家

前言：由科學與哲學的分家談起

今天，就科學家來說，在進行研究時引入哲學的考慮無疑是進行事業上的自殺！一些喜愛哲思的科學家，都只能在成名以後，以一種業餘的姿態來進行這方面的探究。

就哲學家來說，對科學有興趣的可選擇研究「科學哲學」（philosophy of science）這門專科，否則他們可以完全不理會「形而下」的科學知識，而專心追求哲學世界中的「形而上」的真理。

科學與哲學的割裂與疏離固然有著複雜的成因。但筆者更為關心的，是這一現象導致的後果。直截地說，筆者認為現代文明在精神上的紛亂和失落，很大程度上是這一現象的結果。

要為現代文明尋找出路，我們必須致力建立一套把科學和哲學融通的思想。這種思想我稱之為「科學人文主義」。

「科、玄論戰」之刀光劍影

科學的驕人成就產生了兩股相反的思潮，一方面是科學崇拜和科學萬能論，最後發展成「唯科學主義」（scientism），認為凡是無法納入科學研究範圍的事物，都是毫無意義和不值一顧的。

另一股思潮則認為，浮士德把靈魂賣給魔鬼以換取知識，正是人類沉迷科學的最佳寫照。這股思潮的矛頭不單針對科學，更直指科學的基礎 —— 理性本身。從尼采、胡塞爾到海德格、薩特等形形色色的「存在主義哲學」（existentialism），都是對科學和理性的一股巨大反動。

▲浮士德把靈魂賣給魔鬼以換取知識。

在西方，擁護科學的人和質疑、甚至反對科學的人，早於十九世紀便已各有各說而互不對話。反倒在中國，因為現代科學相對地說是個遲來者，故此在民國初年，兩股思潮的碰撞迸發出了火花。

共和國成立之初，宣揚科學最力的首推任鴻雋。他於一九一五年一月創辦了《科學》這本雜誌並出任它的編輯，先後發表了〈說中國無科學之原因〉、〈科學精神論〉、〈科學與近世文明〉等多篇重要的文章❶。其後陳獨秀創辦《新青年》並高舉「科學」與「民主」的大旗，是將任氏宣揚科學的開拓性工作進一步發揚。

然而，即使在新文化、新思維的浪潮下，也並非所有有識之士皆認同任鴻雋等人的觀點。在五四運動之後不久，學術界即爆發了著名的「科、玄論戰」。

這場大論戰的重點，是科學的探究與人生的價值、意義和取向是否相干。進一步說，是科學能否提供一種人生哲學、從而協助我們建立一個更開明和進步的人生觀與世界觀。

以丁文江為首的一方，對上述問題皆作出了肯定的答案。相反，以張君勱為首的一方，則認為科學只是人類物質文明的成就，對人類精神文明中以「心性道德」為主的追求毫不相干。

這場論戰為期數載，參與的著名學者逾二十人（包括吳稚暉、梁啟超、胡適、陳獨秀等），發表的文字達三十萬之多，要詳細介紹自非本文所能勝任❷。然而，筆者欲在此提出幾點有關的思考。

首先，從學術的角度來看，論戰的內容（例如分析「心」與「物」的關係，或是「實然」與「應然」〔事實與價值〕之間的關係等）誠然深度不足，更談不上有甚麼突破，但從論戰的主題、視野和高度來看，卻是科學與哲學一次意義重大的對話。即使在西方，具有這種高度的對話至今仍未有所見。

▲任鴻雋於 1915 年 1 月
創辦了《科學》雜誌。

▲陳獨秀於 1915 年 9 月創刊的《青年雜誌》
高舉「科學」與「民主」大旗，到了 1916 年雜誌
自第二卷起改名為《新青年》。

　　此外，幾乎所有研究這場論戰的學者，都會把它當作為一樁歷史事件，或甚至是中國近代思想史上的一個里程來研究。至於論戰的結果，他們都傾向認為是擁護科學的陣營獲勝。

　　筆者對這兩點都有不同的看法。首先談第二點。我認為這場論戰沒有勝方，甚至可以說兩者都是負方。這是因為論戰過後，科學與哲學進一步的疏離。如果硬說是科學的勝利，那麼這是一次空洞的勝利。這是因為在文化的層面而言，人們對科學是「敬（尊敬與敬懼兼而有之）而遠之」，最後是把科學與文化對立起來。

　　到了二十世紀中葉，科學與文化的割裂和對立，促使英國學者史諾 (C.P. Snow) 發表了著名的「兩個文化」 (The Two Cultures) 的觀點。他沉痛地指出，「科學的文化」與「人文的文化」之間的漠視、輕視、蔑視、甚至敵視，已成為現代文明一種不容忽視的病態❸。

　　就筆者看，過去數十年來，雖然有過一些有心人致力將兩個文化彌合❹，但真正的成效甚微。也就是說，無論是我國近一個世紀前的「科、玄論戰」，還是環繞著「兩個文化」的激烈爭議，至今未有獲得解決。因此，爭議的內容不單具有歷史意義，而且仍然具有重大的現實意義。

事實是，二十世紀下半葉，反科學的浪潮此起彼落。繼承存在主義哲學的，是聲勢更為浩大的後「現代主義思潮」(postmodernism)。基於福柯、李歐塔、珈達瑪和德列達等人對理性的批判，拉托爾(Bruno Latour)和夏平(Steven Shapin)等人對現代科學展開了「後現代的批判」(the post-modern critique of science)❺。科學界對此最先是感到難以置信，然後是感到極度憤怒，一部分人更奮起還擊。一場新的論戰又再展開。❻

踏進廿一世紀，這場被稱為「Science War」的論戰已接迎尾聲。但問題是，猶如以往的論戰一樣，這次論戰所產生的熱，仍然遠遠超過我們所願見到的光。

令人更為不安的一點是——存在主義雖然對科學理性採取否定的態度，但它亦嘗試(鼓吹虛無主義的流派除外)樹立一套新的人生觀與世界觀，可說有「破」亦有「立」；反觀後現代主義，對科學理性的顛覆是不遺餘力，可是在人生觀與世界觀方面卻建樹不多，可說是破多而立少。這無疑為世紀之交的現代文明敲響了警鐘。

聽聽學者對「科學」與「人文」的觀感

二十世紀初葉，史懷哲(Albert Schweitzer)在深入探究他稱為「文明的哲學」這個重大課題之時，指出了文明的盛衰固然有其物質性的原因，但更為重要的，往往是一個文明所具備的精神資源。而這些精神資源的基礎，是一個可以協調人類的理性、感性和靈性的「世界觀」(Weltanschauung)：「世界觀的缺乏，是我們這個時代所有災劫和苦難的總源頭。我們必須協力建立一個有關宇宙和生命的整體理論，才有希望擴闊胸襟，成為一個真真正正的文明族類。」❼

當然，早於史懷哲的呼籲，黑格爾和馬克思等都曾經建立過類似的世界觀。然而，在吃盡這些世界觀所帶來的苦頭之後，人類在二十世紀的下半葉，已經對這種宏觀的大理論心懷戒懼。由此而引

「世界觀的缺乏，是我們這個時代所有災劫和苦難的總源頭。我們必須協力建立一個有關宇宙和生命的整體理論，才有希望擴闊胸襟，成為一個真真正正的文明族類。」

——史懷哲

申的問題是：我們有甚麼理由認為，在廿一世紀伊始，我們需要另一套稱為「科學人文主義」的大理論呢？（馬克思不也把他的理論稱為「科學社會主義」嗎？）

簡單的回應是，科學人文主義並非另一套大理論。它並沒有發現甚麼歷史發展的必然規律，也不會提供人類未來發展的任何宏偉藍圖。它所追求的，只是科學與人文的融通。

要了解科學與人文如何能達至融通，我們必先弄清楚，我們所指的「科學」與「人文」是甚麼一回事。

讓我們先檢視後者。所謂「人文」，是指「人文主義」或「人文精神」。甚麼是人文主義？簡言之，它是將人的生命和心靈賦予最高的價值和地位的一種思想、態度和取向。故此堅持「物役於人」而非「人役於物」。

從一個更高的層次出發，一些人文主義者更認為，在可能的情況下，我們必須尊重和珍視的，不應只是「人」的生命與心靈，而是所有生命和所有心靈。（前者當然包括地球上所有生命，卻也可能是地球以外的生命；而後者則可能是地球以外的智慧心靈、甚至是在未來出現的機器心靈。）

上述當然是一個十分簡化的定義。最具爭議的問題是，「人」可以分為個人和集體，如果兩者出現利益上的衝突，我們應該如何協調呢？然而，本文的要旨並非深入分析人文主義的內容，而是確定人文主義的基本精神。就此而言，相信上述的定義已然足夠。

現在讓我們回到科學的定義之上。我不打算在此對「何謂科學？」這個問題作出長篇大論的學術討論，因為我認為更有啟發性的，是看看科學家——以及一些哲學家和藝術家——對科學所抒發的觀感。

達爾文的親密戰友湯瑪斯・赫胥黎（Thomas Huxley）說：「所謂科學，只不過是受過訓練及條理化之後的常識而已。」多年後，哲學家桑塔亞那（George Santayana）則響應說：「科學只不過是深化了洞悉。」（Science is nothing but developed perception.）

上述的說法可能有點空泛，更能切中要處的，是以下的這段話：「科學的精髓，並不在於複雜的數學建構或精密的實驗程序。說到底，科學的核心精神，乃是基於一種赤誠而產生的『不弄個清楚明白誓不罷休』的執著。」（Saul-Paul Sirag）

以上是有關科學本質的一些描述。至於科學的價值，天文學家刻卜勒（Johann Kepler）有以下這句話：「若說音樂是聽覺上的美，而繪畫是視覺上的美，那末，科學便是心智上的美。」

英國詩人濟慈（John Keats）也說：「美就是真、真就是美。」美國散文家兼詩人愛默森（Ralph Waldo Emerson）則更清楚指出：「『人類』將要看出大自然是靈魂的反面，每一部分都相呼應著。一個是圖章，一個是印出來的字。它的美麗是他自己心靈的美麗，它的規律是他自己的心靈的規律。因此他把大自然看成自己成就的測量器。他對於大自然知道得不夠的程度，也就是他對於自己的心靈還掌握得不夠的程度。總之，那古代的箴言，『認識你自己』，與現代的箴言，『研究大自然』，終於成為同一句格言了。」

愛因斯坦則這樣表達他對科學的觀感：「在森羅萬象的大自然面前，我們的科學無疑幼稚和渺小得可憐。然而，它卻是我們所擁有的最珍貴的一樣東西。」他的另一句說話，則強而有力地糾正了不少人認為科學是機械、刻板、冰冷甚至缺乏人性的錯誤觀念：「人類所

能擁有最深最美的情感是神秘感。它是一切真科學的播種者。沒有這種情感,不懂得稀奇和讚歎的人,雖生猶死。」

他另一句較為人們所熟知的名句則是:「想像比學識更為重要。」

「在森羅萬象的大自然面前,我們的科學無疑幼稚和渺小得可憐。然而,它卻是我們所擁有的最珍貴的一樣東西。」

「人類所能擁有最深最美的情感是神秘感。它是一切真科學的播種者。沒有這種情感,不懂得稀奇和讚歎的人,雖生猶死。」

「想像比學識更為重要。」

——愛因斯坦

有關想像的重要,牛頓亦早有名言:「人類受想像力的束縛,遠多於他受自然定律的限制。」

小說家納布柯夫(Vladimir Nabokov)的名句則更把一般人的觀念顛倒過來:「科學離不開幻想,藝術離不開真實。」

一般人都以為,科學是「尋找答案」的一項活動,天文學家艾丁頓(Arthur Eddington)卻有更精闢的見解:「在科學的領域,提出問題往往比尋找答案更重要。」而懂得提出問題,正要求我們具有豐富的想像力,當然還需要有求知的熱忱。

綜上所述,科學與人文在精神上契合之處甚多,實無割裂甚至對立之理。毋怪乎科學史家薩頓(George Sarton)曾經這麼說:「一個真正的人文主義者,必須熟知科學的人品家世,就正如他應該熟知藝術和宗教的人品家世一樣。」

第一部
從微小的生活困惑開始哲學發想

第二部
從虛無太初到未知將來的千頭萬緒

第三部
從「論自然」到「談真理」的思辨探問

第四部
結合科學、人文的科學哲學大哉問

要真正達至科學與人文的融通，上述的要求必須是對等的，因此我們可以補充說：「一個真正的科學家，必須熟知藝術和宗教的人品家世，就正如他應該熟知科學的人品家世一樣。」

「一個真正的人文主義者，必須熟知科學的人品家世，就正如他應該熟知藝術和宗教的人品家世一樣。」

——科學史家薩頓

簡言之，人文主義者應該擁有科學的修養和視野，而科學家則應擁有人文的修養與關懷。

科學人文主義的定義

上一節所談的，主要在於精神境界和個人修養上的融通。但作為一種哲學思想，我們有必要為「科學人文主義」列出較為明確的定義。

筆者認為，有關的定義可以先、後分為兩個層次。前者我稱之為「基本定義」，後者我稱之為「強定義」。

- **基本定義**：「科學人文主義」是建基於人類知識總和的一種人文主義。

- **強定義**：「科學人文主義」是這樣的一種思想——它以「科學的精神」來看待這個世界；以「科學的方法」來探究這個世界；並且以上述兩者所達至的有關這個世界的「科學知識」作為它的基本出發點。

由於強定義已經包括了基本定義的內容，以下便讓我們集中分析一下強定義中的具體內容。

「科學人文主義」三大要素：

1. 以「科學精神」來看待這個世界，就是有好奇心、求知欲，也必須事事求真，有獨立、自由的思想，抱懷疑、批判的頭腦，持開放、兼容的胸襟，而且願意接受批評，並擁有承認錯誤和不斷自我改正的勇氣。
2. 以「科學方法」來探究這個世界，增進我們對萬事萬物的了解。
3. 以「科學知識」作為它的出發點。

科學人文主義要求人文主義以「科學精神」來看待這個世界。那末甚麼是「科學精神」呢？

科學精神的第一項要素，是「好奇心」和「求知欲」。我們凡事都會喜歡問一句「這是甚麼？」及「為甚麼會是這樣？」。我們在一座山的面前，便想知道山後究竟是怎樣的；我們攀登上一座山峰，便想知道下一個山峰是怎樣的光景。這種超乎功利的好奇心，是科學探求的最大原動力。

從好奇心與求知欲引申出來的，是一股鍥而不捨的「求真」精神，也就是方才提過的「不弄個清楚明白誓不罷休」的執著。而為了求真，便必須尊重事實，不以人廢言，並且不容許任何弄虛作假和文過飾非。

再由此引申，一個優秀的科學家，便必須擁有：獨立、自由的思想；懷疑、批判的頭腦；以及開放、兼容的胸襟。此外，他還必須願意接受批評，以及擁有承認錯誤和不斷自我改正的勇氣。凡舉訴諸權威和訴諸教條的獨斷傾向，都必須被堅決地拒斥。（但細想之下，上述這些品質，其實不是每個人都應該具有的嗎？）

科學人文主義的第二個要求，是以「科學方法」來探究這個世界，增進我們的了解。

有關科學方法的內涵究竟是甚麼，甚至究竟有沒有一套「放諸四海而皆準」的科學方法，學術界的討論已甚多，筆者不打算在此作詳細的介紹。我想指出的，是較易被人忽略的數點。

所謂「科學方法」，是透過實踐累積而來的一些揭示事物間內部關係的方法和技巧。這些技巧是不斷演進的。今天科學家所用的各種方法，較諸四百年前的不知豐富多少倍。把科學方法作為一種靜態的東西來研究，從一開始便犯上了原則性的錯誤。

更為嚴重的，是不少學術研究都有將科學方法特殊化、甚至神秘化的傾向，這其實是將科學與人文割離的元凶之一。借用赫胥黎對科學的描述，我們必須撥亂反正，明確地指出：「所謂科學方法，只不過是受過訓練及條理化之後的常識而已。」

後現代主義者對科學的顛覆，往往在於把「科學知識」特殊化。而這一策略，使他們可以得出「科學家在實驗室中規行矩步的行為，便有如古代的祭司在祭祀時遵循的禮儀」，以及「現代科學對世界的論述，只是有如古代神話般的一種『偉大的敘述』（Grand Narrative）」這樣的結論。

其實，從最根本的角度看，所謂「科學方法」，不外乎邏輯加上證據。論者當然可以對「怎樣才算合乎邏輯？」和「怎樣才算是證據？」大加質疑。但試想想，每天在地球上無數的法庭之上，我們都不是以邏輯加上證據以判定被告者有罪或無罪嗎？誠然，這絕非一件簡單和容易的事情。但歸根究底，如果邏輯加上證據足以讓我們決定一個人的生死榮辱，為甚麼同樣的東西不足以令我們探究自然呢？

　　另一點較少人留意的是，科學方法不單包括人和自然之間的對話。廣義而言，它還應該包括人與人之間的對話。更具體地說，是科學家與科學家之間相互的溝通。溝通的內容應該包括研究的成果以及有關的方法和過程，也應該包括各種分析、意見甚至臆測。只有不斷通過這種交流和辨正（按照波柏的觀點，最重要是其他科學家的「否證」嘗試），科學才能夠健康地發展。

　　科學人文主義的第三個要求，是必須以「科學知識」作為它的出發點，而這也是「基本定義」中所列出的要求。

　　道理其實很簡單。「人的處境」是一切人文關懷的出發點。但要充分了解人的處境，我們又怎能無視於科學在這數百年來在這方面所帶來的巨大知識增長呢？

　　這些知識可以分為「縱」和「橫」兩方面。在橫的方面，它應該包括物理學、天文學、化學、地理學（包括人文地理）、生物學（包括生態學與腦生理學）、人類學（包括比較宗教學）、考古學、社會學、心理學（包括認知科學和精神病學）、經濟學、政治學和倫理學等等各方面的知識。

　　在縱的方面，它包括了宇宙起源、太陽系起源、生命起源、生物的演化、人類的起源、語言和文化的起源、城邦與文明的起源、

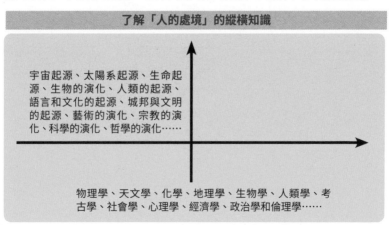

了解「人的處境」的縱橫知識

宇宙起源、太陽系起源、生命起源、生物的演化、人類的起源、語言和文化的起源、城邦與文明的起源、藝術的演化、宗教的演化、科學的演化、哲學的演化……

物理學、天文學、化學、地理學、生物學、人類學、考古學、社會學、心理學、經濟學、政治學和倫理學……

藝術的演化、宗教的演化、科學的演化、哲學的演化等各方面的知識。❽

也許有人會說，把倫理學和藝術的演化等知識也納入「科學知識」的範疇，是把科學的涵蓋面過分地延伸。對此我既同意亦不同意，因為我深信知識本無「科學」與「非科學」之分，關鍵在於我們是否基於客觀求真的精神，透過邏輯和證據以把知識建立起來。這正是我在「基本定義」中，只談「人類知識總和」而不談「科學知識總和」的原因。

關鍵不在於我們把倫理學和藝術的演化等知識稱為甚麼知識，而在於我們在考察人類的處境時，有沒有將上述的「縱」與「橫」的知識包括在內。

「從了解中成長。」這是每一個人必經的歷程。對人類整體來說，情況何嘗不是一樣？過去數百年來，人類對於宇宙萬物的起源和演化，特別是對於生命的誕生和興起、人類與文明的來歷等重大的問題，已經取得了前所未有的深入的了解。誠然，我們不能說對所有問題都取得了最終的答案，但未有最終的答案並不表示上述的知識沒有意義。相反，它們已經大大加深了我們對「人之所以為人」以及「人在宇宙中處於一個怎樣的位置」這些問題的了解。

令人遺憾的是，隨著哲學與科學的分家，絕大部分的哲學探求與討論，都對上述的巨大知識的增長及加深的了解視若無睹。它們追求宇宙的真理，但所涉指的宇宙，基本上是一個沒有歷史的、靜態的宇宙。對於這種哲學，筆者稱之為「沒有歷史的哲學」（ahistoric philosophy）。

熟悉和熱愛哲學的讀者對上述的批評可能大不以為然。筆者也十分熱愛哲學，但我想請讀者們做一個簡單的試驗：往圖書館的哲學部分，找出近代最具影響力的十本哲學著作來翻看，然後回答以下問題：

就理論上而言，這些著作的內容是否完全可以寫於十九世紀中葉而非二十世紀末／二十一世紀初？從另一個角度看，今天的物理學家已經不用重讀牛頓的《自然哲學的數學原理》，而生物學家也不用重讀達爾文的《物種起源》，因為物理學和生物學已經充分吸納了這些研究成果並向前邁進不少。但為何今天不少哲學家卻仍然就亞里斯多德或康德的著作進行激烈爭辯呢？

事實是，單從近代哲學著作中討論的內容看來，我們會以為達爾文的「進化論」從未發表、「相對論」與「量子力學」的革命從未發生、「大爆炸宇宙論」從未出現、「混沌理論」和「複雜性理論」從未興起、以及有關「人類起源」、「社會生物學」（sociobiology）、「動物意識」（animal consciousness）、「大腦演化」（neural Darwinism）和「語言起源」等研究的突破性發展從未發生。

回應可能出現的批評

筆者至此的呼籲，雖然看似完全合情合理，但我並不抱有天真的幻想，以為科學人文主義會獲得思想界的熱情接受。相反，我可以想像得到，不少學者會對這種呼籲作出猛烈的批評。

帶頭的批評，是指出「科學人文主義只是唯科學主義」的一種偽裝。論者會指出，唯科學主義的哲學基礎「實證主義」（positivism）雖然已於上一世紀徹底破產，然而，它對現代文明的禍害〔主要表現為基於「工具理性」的「科技主義」（technocratism）〕則至今仍未消散。因此我們必須提高警惕，以防它在學術界中以種種形式死灰復燃及捲土重來。

要全面回應這一批評固可寫上洋洋十多萬言，筆者在此只想最扼要的指出一點：「科技主義」——毋論是「國家科技官僚主義」（technocratic statism）或是「企業科技官僚主義」（technocratic corporatism）——實乃科學與人文的共同敵人。要戰勝這個強大的敵人，唯一的希望是兩者結盟，亦即建立一套具有強大精神感召力

量的科學人文主義。（當然，反對者可能會把這呼籲看成是一個「木馬屠城」的陰謀！）

從另一個角度出發，更多的人文主義者可能會指出：科學與人文根本互不相干。這是因為科學研究的對象，永遠只是這個可以感知、可以觸摸的現實世界；而人文主義者所關懷的，是超乎這個世界的有關價值、意義、目的和終極體現等問題。簡言之，科學追求的是「形而下」的真理，而人文主義追求的是「形而上」的真理，兩者的境界完全不同，又怎能談甚麼融通和結合呢？〔著名的人文主義者以賽亞・伯林 (Isaiah Berlin) 所持的正是類似的觀點。〕

從「形而下」這個觀點出發，一些論者更會指出，所有科學知識都是「臨時性」 (provisional) 的知識。正如曾經被奉為圭臬的牛頓物理學已被愛因斯坦的物理學所取代一樣，愛氏的物理學也可能有一天被一套更先進的理論所取代。要我們把人文主義建基於科學知識，便有如把城堡建在沙上，那不是十分愚蠢和可笑的一回事嗎？

較臨時性這個觀點更進一步，一些論者更會宣稱：科學也者，只是把自然界的現象以某一種語言以作出重述。例如昨天我們以牛頓的語言以描述這個世界，今天我們轉用愛因斯坦的那一套語言，明天也可能轉換另一套新的語言。也就是說，科學只是為了摹描自然界所發展起來的一套語言或形式系統 (formalism)，或充其量是對自然現象的一種詮釋 (interpretative scheme)。歸根究底，它與揭示宇宙的真理沾不上邊。

在科學哲學中，近似的觀點是「工具主義」 (intrumentalism)，亦即認為科學中的不少 (甚至所有) 概念和理論，都只是人類在理解自然和駕馭自然時所發展出來的「工具」。過往，麥克斯維的「電磁理論」和「電磁概念」，使我們的電磁科技突飛猛進；後來，我們透過量了電動力學這一更強而有力的工具，發展出更多令人目眩的電子科技。工具是發展了，但這並不表示它們一定和宇宙的真象掛鈎。

在後現代主義的「社會解構主義」(social deconstructivism) 哲學中,科學在認識上的「有效性」(epistemological validity) 更被徹底地推翻。科學被看成是「支配性的權力話語」(power discourse) 下的一種「現代神話」(a modern form of myth-making)。

另一種同樣尖銳的觀點,是認為科學與人類在靈性上的追求完全扯不上關係。一位論者曾經說:「科學對無關宏旨的問題提供完美無瑕的答案。」(Science gives perfect answers to trivial questions.) 他進一步指出,對科學的沉迷甚至會有礙人類在靈性上的追求。當人類成為了「科學上的巨人」,他也同時成為了「精神上的侏儒」……❾

以上對科學的種種批評,包含了對科學的「矮化」(trivialization)、「問題化」(problematization)、「局限化」(compartmentalization)、「邊緣化」(marginalization)、甚至「妖魔化」(demonization) 等傾向,毋論在立足點、推論和理據等方面都十分複雜,要逐一分析並不容易。我只想在此指出,撇開一些較極端的觀點,整個問題的核心,是過去數百年來透過科學所獲取的大量知識,與人文主義的探求是否相干這個問題。

對於這個問題,筆者當然持著一個十分肯定的答案。我知道我是屬於極少數,而大部分人都在不同程度上持有一個否定的答案。對於這些否定的答案以及背後的理據,筆者稱之為「不相干 (論) 的謬誤」(The Fallacy of Irrelevancy)。

對這個謬誤的深入分析,無疑涉及哲學中有關「事實」和「價值」的相互關係這個古老的爭議。哲學家休謨 (David Hume, 1711-1776) 很早便指出,我們永遠無法從「實然」(is) 推出「應然」(ought) 的結論,並把進行這種推論的傾向稱為「自然主義的謬誤」(Naturalistic Fallacy)。較近代的哲學家如普特南 (Hilary Putnam) 等對此亦多有論述。然而,就筆者看來,有關科學人文主義的深層哲學探究,實較這個古老的爭議擁有遠為豐富的內容。這些內容包括:

- 「事實」的定義

- 「科學事實」的定義

- 理論與事實的關係

- 「形而下」和「形而上」的關係

- 存在的本質

- 思辨哲學和行動哲學的關係

- ……

只有當我們弄清上述這些問題（或至少弄清我們對這些問題的假設與立論），我們才能充分揭示「不相干謬誤」的謬誤之處。

要全面進行這些探究，是一本書的任務而不是一篇文章的任務。本文的任務是激發討論。為此，筆者甘冒學術大忌，在未建構起理論基礎之前，先抒發一下我對這個謬誤的一些見解。

筆者於本篇前文介紹「科學精神」的內涵之時，其實還漏了十分重要的一點，那便是「知性上的謙遜」。熱愛科學的人都深信「偉大的事物都是由卑微的東西所組成的」、「自然界沒有卑微的事物，一切都能夠給聰明的人予教益」以及「宇宙中沒有甚麼是理所當然的」、「分析最平凡的事物，往往需要最不平凡的頭腦」等顯淺卻又深刻的道理。

相比起來，某些哲學家認為科學知識乃「形而下」的知識而不屑一顧，顯然是一種「貴族式」的傲慢與偏見，情況便有如古希臘崇尚純粹思辨而鄙視實踐，及中國古代把科技發明稱為「淫技奇巧」一樣。

再挖深一點看，大部分哲學討論其實都帶有點兒自大狂或自我中心的性質。為甚麼這樣說呢？因為這些討論皆把「哲學思維」當作一種既定的存在。雖然哲學家都會承認，哲學思維自有它的演變，

甚至有深、淺和高、低之分，但總而言之，「我們具有探究這個世界的真象、緣起、目的和意義的思維能力」，是一切哲學討論的不言而喻（或論者從沒想過）的出發點。

然而，只要我們能以超越本族類及身處時空的眼光觀照世界，我們便不得不承認，具有高等自我意識和高等思維能力的存在，在自然界中只是一個極罕有（至今所知的出現數為 1）的特例和極其晚近的現象。在多姿多采的生物界裡，所有其他的生物皆沒有（或至少沒有我們可識辨的）哲學思維的能力，卻仍然能夠好好的繁衍和生存。而在宇宙的歷史長河中，這種能力更只是短暫得幾乎不值一提的最新現象。

一個謙卑的結論是：存在並不需要哲學，哲學卻必須有賴存在。（有點類似今天環保人士所宣揚的「地球不需要人類，人類卻需要地球」。）如此看來，我們似乎需要先透徹了解存在的「具體內容」，然後才嘗試了解存在的「哲學內容」。（邏輯上，同時成立的當然是「動物沒有科學思維能力，卻仍然能好好地生存」、「存在不需要科學，科學卻必須有賴存在」，筆者對此絕無異議。）

對上述的行動指引，我們必須作一點補充。所謂「先透徹了解存在的具體內容」，當然是指我們迄今所掌握的、最新的內容。由於人類不斷的實踐和探究，這些具體內容會不斷豐富，而有關的哲學內容，亦應隨著不斷地豐富和深化。

反對者可能會指出：你所說的具體內容其實就是科學知識。但從本質上說，科學知識永遠都是臨時的知識，又怎能為哲學探究提供可靠堅實的基礎呢？

我的回應是，有關科學知識的臨時性，其實是遠遠被誇大了。真實的情況是，大量的科學知識如物理、化學、地質學、生理學等，早已成為人類堅實可靠的知識的一部分。

必須指出的是，在「科學知識臨時性」的討論背後，往往包含著一個概念上的混淆，那便是將我們揭示的種種自然現象與嘗試解釋這些現象的深層理論混為一談。就以電磁現象為例，人們對各種電磁現象的認識，數百年來皆未有被推翻。而麥克斯維把電與磁結合起來的基本電磁理論，在預見的未來也不會有所動搖。然而，在現代物理學的兩大支柱——量子力學與相對論——仍未完全統一起來之前，大部分科學家都會認為，有關電磁作用的更深層理論仍會有所改變。但關鍵在於，這些改變將不會影響麥克斯維的基本理論，更不會推翻已有的電磁知識。

最後的一點、也是最重要的一點，即使我們對宇宙的認識永遠也不完備、永遠也有可能需要更新，也絕不妨礙我們按照迄今最完備的認識，以發展出一套「迄今最恰當的人文主義」。正如一個人是否具有智慧，往往在於面對不完備的信息之時，是否能夠果斷地作出「最佳」的抉擇，人類的智慧也應作如是觀。否定「臨時性知識」的意義，便等於否定「智慧」的可能。

未竟之志：結合人類理性、感性和靈性融通的大學系

「科學人文主義」的意念並不新鮮。早於一九二六年，學者 Lothrop Stoddard 便以《Scientific Humanism》為名寫了一本小書以宣揚有關的思想。同一時期的數理哲學家懷海特 (Alfred N. Whitehead) 亦抱有十分類似的觀點[10]。

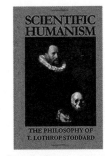

《Scientific Humanism》，
Lothrop Stoddard 著，
1926 年出版。

二次大戰後，作為聯合國教科文組織 (UNESCO) 第一任秘書長的生物學家朱里安，赫胥黎 (Julian Huxley)，亦曾大力推廣這種以科學為基礎的人文思想，並宣稱這是唯一適合現代文明一套哲學[11]。

可惜的是，直至廿一世紀初的今天，這些呼籲仍然只屬「荒野中的呼喚」。就以現代的幾位著名哲學家如哈伯瑪斯（Jurgen Habermas）、德列達（Jacques Derrida）、伯林（Isaiah Berlin）、羅蒂（Richard Rorty）和戴維森（Donald Davidson）等為例，縱觀他們的論著與思想，皆找不出把人文主義哲學深刻地建基於現代科學知識的任何嘗試[12]。相反，一些論者仍不懈地把建立「科學世界觀」的任何嘗試列作嚴厲批判的對象[13]。

筆者有一種想法，就是以儒家思想的「人本主義」為基礎的中國文化，較諸以基督教的「神本主義」為基礎的西方文化，實乃培育和發展科學人文主義的更佳土壤。

固然，在西方的學術世界裡，大部分的西方學者都已經擺脫了神學的枷鎖而毫無束縛的進行哲學上的探求。然而，在普羅大眾的層面，「神是萬物（包括道德善惡）之源」以及「人乃按照神的形像創造出來」等根深蒂固的宗教觀念，對於接受「科學人文主義」仍然構成了非常巨大的阻力。

相反，儒家中的「天命」思想以及道家中的自然主義思想，與科學人文主義毫無牴觸之處。事實上，宋儒朱熹提出「格物以窮其理」的修養之道，與科學人文主義的核心思想更是不謀而合。誠然，當時的「格物」並未包含現代科學「探究自然界的奧秘」的意義，但隨著時代的進步，我們當然可以——甚至應該——為朱子的洞見注入新的內容。

大半個世紀以來，我國不少有識之士都在探索如何令儒家思想現代化，並進一步探求，如何能使儒家思想對現代的世界文明作出更大的貢獻。其中余英時先生的《從價值系統看中國文化的現代意義》一文深得我心。依筆者的愚見，儒家與科學的結盟，從而發展出一套「有儒家特色的科學人文主義」，正是未來的一大發展方向。只要我們能夠真正的擁抱科學，中華文化的深厚精神資源已蘊含著將人類的理性、感性和靈性融通的偉大力量。

要達至這一融通，廣泛的討論甚至激烈的辯論是必不可少的。近百年前，共和國的思想先驅對此進行了饒有意義的討論。在廿一世紀的今天，筆者熱切期望，我們能夠踏著先輩的足跡，在總結了科學與哲學的巨大進展的基礎上，從一個嶄新的高度展開第二輪的「科、玄論戰」，為學術界帶來一番新的氣象。

有誰願意拉開論戰的序幕？

註釋：

❶ 任鴻雋最主要的文章，收錄於由樊洪業、張久春選編的文集《科學救國之夢－任鴻雋文存》之中。（上海科技教育出版社暨上海科學技術出版社，2002）

❷ 詳情可參閱由郭穎頤著、雷頤翻譯，江蘇人民出版社出版的《中國現代思想中的唯科學主義 1900-1950》（1989）。英文原著由耶魯大學於 1965 出版。

❸ C.P. Snow, *The Two Cultures, and A Second Look: An Expanded Version of the Two Cultures and the Scientific Revolution* (Cambridge: University Press, 1969).

❹ 較突出的兩個例子，是布羅諾斯基（Jacob Bronowski）主持的電視片集 *The Ascent of Man* (1973) 以及天文學家卡爾‧薩根（Carl Sagan）所主持的電視片集 *Cosmos* (1980)。遺憾的是，人文學者只把它們當作「通俗科學」而沒有給予應有的重視。

❺ 前 者 的 經 典 著 作 為 *Science In Action: How to Follow Scientists and Engineers through Society*（Milton Keynes: Open University Press 1987；法文原版乃於 1985 年出版），而後者的經典著作，乃與 Simon Schaffer 合著的 *Leviathan and the Air Pump: Hobbes, Boyle and the Experimental Life*（Princeton, N.J.: Princeton University Press, 1985）。

❻ 在科學家的反擊中，兩本較有分量的著作是 Paul R.Gross 與 Norman Levitt 合著的 *Higher Superstition: the Academic Left and its Quarrels with Science*（Baltimore: John Hopkins University Press, 1994）以及由 Alan Sokal 及 Jean Bricmont 合 著 的 *Fashionable Nonsense: Postmodern Intellectuals' Abuse of Science*（New York: Picador, 1998; 法文原著於 1997 年出版）。後者的作者 Alan Sokal 是著名的「Sokal 惡作劇」的主人翁。他於 1996 年模仿後現代學者的風格寫了一篇荒旦空洞的批判現代科學的文章，並投稿至一份標榜後現代思潮的《*Social Text*》期刊，最後竟然被接納為一篇嚴肅的學術論文而刊登！

❼ Albert Schweitzer, *The Philosophy of Civilization*, 序言第 14 頁（London: Adam and Charles Black, 1932）

❽ 在「橫」方面的整合，近年較突出的嘗試是著名生物學家（亦是導致過去數十年有關社會生物學的重大爭議的始作俑者）Edward O. Wilson 所寫的 *Consilience: The Unity of Knowledge*（New York: Knopf, 1998）。在「縱」方面的探索，較突出的成就是 Jared Diamond 所寫的 *Guns, Germs, and Steel: A Short History of Everybody for the last 13,000 years*（London: Vintage, 1998）。

❾ Bert Thompson, *Scientific Humanism, in Reason and Revelation*, July 1981, 1【7】: 25-27 (Apologetics Press, Inc, 1981).

❿ Lothrop Stoddard, *Scientific Humanism*（London: Charles Scribner's Sons, 1926）。至於懷海德的觀點，則可見諸 *Science in the Modern World*（Cambridge, 1926） 及 *Religion in the Making*（Cambridge, 1926）。

⓫ Julian Juxley, *Religion without Revelation*（Max Parish & Co Ltd, 1957; 此乃修訂再版，原版發表於 1928 年），以及 *Essays of a Humanist*（New York: Harper and Rows, 1964）。

⓬ 列舉的哲學家皆著作豐富，這裡只能列出他們一些較具代表性的著作。哈伯瑪斯的 *The Structural Transformation of the Public Sphere* 及 *The Theory of Communicative Action*；德列達的 *Writing and Difference* 及 *Of Grammatology*；伯林：*The Proper Study of Manking*；羅蒂的 *Philosophy and the Mirror of Nature* 及 *Contingency, Irony and Solidarity*；戴維森 的 *Inquiries into Truth and Interpretation* 及 *Subjective, Intersubjective, Objective*。

⓭ 較突出的例子是哲學家 Mary Midgley 所著的 *Evolution as a Religion* （1985）及 *Science as Salvation* (1994)。

Mastering Philosophy

論盡哲學

由童心展開的無垠哲思之旅

作者／　　李逆熵

編輯／　　阿丁、米羔

設計／　　MariMariChiu

出版／　　**格子盒作室 gezi workstation**
　　　　　郵寄地址：香港中環皇后大道中 70 號卡佛大廈 1104 室
　　　　　網店：gezistore.ecwid.com
　　　　　臉書：www.facebook.com/gezibooks
　　　　　電郵：gezi.workstation@gmail.com

發行／　　**一代匯集**
　　　　　聯絡地址：九龍旺角塘尾道 64 號龍駒企業大廈 10B&D 室
　　　　　電話：2783-8102
　　　　　傳真：2396-0050

承印／　　**美雅印刷製本有限公司**

出版日期／　二〇二〇年七月（初版）
　　　　　　二〇二一年十月（初版二刷）

ISBN ／　　978-988-79670-1-9

版權所有 · 翻印必究

Published & Printed in Hong Kong